환경을 지키는 지속 가능한 패션 이야기

**환경을 지키는
지속 가능한 패션 이야기**

초판 1쇄 발행 2021년 11월 15일
초판 7쇄 발행 2025년 9월 10일

지은이 정유리
그린이 박선하
펴낸이 이지은 **펴낸곳** 팜파스
기획편집 박선희
디자인 조성미 **마케팅** 김서희, 김민경

출판등록 2002년 12월 30일 제 10-2536호
주소 서울특별시 마포구 어울마당로5길 18 팜파스빌딩 2층
대표전화 02-335-3681 **팩스** 02-335-3743
홈페이지 www.pampasbook.com | blog.naver.com/pampasbook
이메일 pampas@pampasbook.com

값 12,000원
ISBN 979-11-7026-431-6 (73590)

ⓒ 2021, 정유리

· 이 책의 일부 내용을 인용하거나 발췌하려면 반드시 저작권자의 동의를 얻어야 합니다.
· 잘못된 책은 바꿔 드립니다.

어린이 친구들에게

"오늘 뭐 입지?"

매일 아침, 누구나 한 번쯤 이런 고민을 한 적이 있을 거야. 우리는 오늘 날씨가 어떤지, 어떤 장소에 가는지, 기분이 어떤지에 따라 매일 다른 옷을 선택해. 옷은 더위나 추위로부터 몸을 지키는 보호막이자 예의와 격식을 드러내는 사회적 약속인 거야. 또한 내가 어떤 사람인지 나타내는 도구이기도 해.

사람들의 옷차림을 살펴보면 많은 정보를 알 수 있어. 특히 옷을 보면 지금 어떤 것이 유행하는지 쉽게 알 수 있지. 이처럼 사람들 사이에서 유행하는 옷차림이나 표현 방식을 바로 '패션'이라고 해.

'패션'이라는 말은 우리에게 아주 익숙해. '패션쇼', '패션모델', '패션 스타일', '공항 패션'……. 일상에서 수도 없이 사용하지. 아주

먼 옛날에는 신분이나 생활 수준이 높은 상류층 사람들만 이 단어를 썼어. '패션'은 상류층에서 유행하는 옷차림과 스타일, 매너를 뜻하는 말이었거든. 하지만 지금은 누구나 폭넓게 쓰고 있어. 이제 패션은 특정한 시기에 많은 사람에게 유행하는 스타일을 뜻해.

우리는 패션 유행이 매우 빠르게 변하는 시대에 살고 있어. 현대 사람들은 유행에 매우 민감해서 지금 유행하는 스타일이 반영된 옷을 빨리빨리 사고 싶어 해. 그 결과, 패션 회사들은 지금 유행 스타일을 빨리 옷으로 만들어 내놓을 수 있는 '패스트 패션'을 탄생시켰어.

사람들의 반응은 매우 뜨거웠지. 패스트 패션은 지금 유행하는 스타일을 빠르게 입을 수 있는데다 옷 가격도 저렴했거든. 하지만 바로 그 점 때문에 사람들은 옷을 쉽게, 또 더 많이 사게 됐어. 꼭 필요하지 않은데도 말이지!

현재 패션 사업은 석유 산업에 버금가는 환경 파괴의 원인으로 꼽혀. 패스트 패션의 유행으로 의류 쓰레기가 엄청나게 늘어났기 때문이야. 지금 지구는 전 세계 사람들이 버린 의류 쓰레기로 몸살을 앓고 있어. 당장 행동하지 않으면 곧 인간을 비롯한 지구의 생물체들이 모두 위험해질 거야. 그래서 사람들은 지구와 환경을 생각하는 패션에 대해 고민하기 시작했어.

이 책에는 우리가 그동안 미처 알지 못했던 패션 이야기가 담겨 있어. 이를 통해 우리는 흥미로운 패션의 세계를 재미있게 알아볼 거야. 그리고 더 나아가 환경과 미래를 위한 패션을 왜 생각해야 하는지 함께 고민해 보자.

정유리

차 례

어린이 친구들에게 5

이야기 하나

잊힌 옷들의 섬　　　　　　　　12

패션이 뭐야?
사람들은 왜 옷을 입을까?　　　　　　26
패션이란 무엇일까?　　　　　　　　29
패션은 끊임없이 변화해　　　　　　33
패션은 어떻게 발달했을까?　　　　36
지구를 아프게 하는 패션이 있다고?　　39

이야기 둘

재판장에 선 패션 씨　　　　　　42

패션에도 착하고 나쁜 게 있다고?
언제나 사람들의 사랑을 받아 온 '패션'　　54
패션이 문제를 일으킨다고?　　　　　　56
패스트 패션의 두 얼굴　　　　　　　　64
패션계의 새로운 유행으로 떠오른 '착한 패션'　　65
패션계를 변화시킨 '소신 소비'　　　　66

 이야기 셋

아주 특별한 재활용 패션쇼　　　　68

착한 패션을 만드는 사람들이 있다고?	환경을 생각하는 일, 당장 시작해야 돼	82
	왜 패션 디자이너들의 역할이 중요할까?	84
	착한 패션을 만드는 착한 디자이너들	85
	패스트 패션의 착한 변신	89
	패션계에서 시도하는 다양한 변화들	90

이야기 넷

아낌없이 주는 선인장　　　　94

착한 기술로 만든 착한 패션이 있다고?	동물 가죽의 대체품으로 떠오른 인조 모피	106
	착한 기술로 만든 착한 패션, '식물성 대체 섬유'	107
	지구는 지금 플라스틱 쓰레기 전쟁 중!	112
	골칫덩이 플라스틱 쓰레기가 새로운 패션으로!	113
	플라스틱 재활용이 무조건 친환경적인 건 아니야!	117

이야기 다섯

인기 만점! 우리 동네 중고 나눔터   118

환경과 미래를 위한 패션은 뭘까?

버리는 옷이 누군가에게는 새 옷이 된다!	130
미래를 생각하는 패션 서비스	131
미래와 환경을 생각하는 패션 아이템	134
미래에는 어떤 패션이 등장할까?	137
미래를 위해 우리의 노력이 필요해!	141

 이야기 하나

잊힌 옷들의 섬

따르릉!

알람 소리가 울리자 강훈이는 침대에서 눈을 번쩍 떴어. 또래 친구들처럼 5분만 더 자고 싶다고 이불 속에서 꾸물거리는 법도 없었지. 매일 아침, 진짜 재미있는 일이 강훈이를 기다리고 있었거든.

"오늘은 뭘 입지? 어제는 파란 티셔츠를 입었으니까 오늘은 체크무늬 셔츠를 입어 볼까?"

강훈이는 옷장에 걸린 옷들을 둘러보며 학교에 무엇을 입고 갈지

고민했어. 매일 아침, 오늘은 어떤 패션을 입을지 고민하는 일은 바로 강훈이가 가장 재미있어하는 일이야. 어떤 윗옷에 어떤 아래옷을 입으면 잘 어울릴지! 양말과 운동화는 또 어떤 걸로 신을지! 강훈이는 이렇게 하나하나 고민하는 일이 정말 즐거웠어.

"강훈아, 아직도 옷을 못 고른 거니?"

학교에 갈 시간이 다 됐는데도 강훈이가 방에서 통 나오지 않자 결국 엄마가 들어왔어.

"일찍 일어났는데도 옷을 고르느라 매번 지각을 하면 어떡하니."

엄마가 걱정스럽게 말하는데도 강훈이는 여전히 발을 동동 구를 뿐이었어.

"입고 갈 옷이 없단 말이에요!"

강훈이의 말에 엄마는 너무 황당해서 웃음이 튀어나왔어. 입을 옷이 없다니! 옷장 안에 가득 있는 옷이 모두 강훈이의 것이거든.

"강훈아, 이렇게 옷이 많은데 입고 갈 옷이 없다고?"

"이건 어제 입었고, 저건 그제 입었단 말이에요! 아, 왜 이렇게 매일매일 입을 옷이 없지?"

이 옷, 저 옷을 한가득 꺼내 놓고 고민하던 강훈이는 결국 처음 골랐던 체크무늬 셔츠를 입었어.

"으악! 시간이 언제 이렇게 됐지? 지각이다, 지각이야!"

강훈이는 오늘도 지각을 할 뻔했어. 하지만 다행히 숨이 턱 끝까지 차도록 정신없이 달린 덕분에 아슬아슬하게 지각을 면했지.

"헉헉! 힘들다, 힘들어."

강훈이는 교실 의자에 철퍼덕 앉아 거친 숨을 내뱉었어. 그런데 이때 강훈이 주위로 친구들이 모여들었어.

"오, 표강훈! 우리 학교 패션왕답게 오늘도 화려한데?"

"강훈이는 옷을 정말 잘 입는 것 같아!"

친구들의 칭찬에 강훈이는 금세 기분이 좋아졌어. 특히 패션 센스를 칭찬받으면 기분이 날아갈 듯 신이 났어.

'역시 고민해서 옷을 고르길 잘했다니까! 근데 내일은 또 뭐 입지?'

학교가 끝나고 집에 돌아가는 길에도 강훈이는 온통 옷 생각뿐이었어. 옷 생각만 하다가 평소와는 다른 길목으로 들어섰지.

'내일도 멋있는 옷을 입고 가고 싶은데. 이왕이면 새 옷으로!'

이때 강훈이의 눈에 새로 생긴 대형 옷 가게가 보였어. 지난번 엄마와 이 길목을 지나갈 때 엄마가 이야기해 줘서 어떤 가게인지 알고 있었지.

"저 가게는 패스트 패션 브랜드 점포구나. 우리 동네에도 생겼네?"

"패스트 패션이요?"

"응. 가격이 싸고, 옷도 아주 많이 파는 브랜드야. 이런 회사는 옷을 디자인하고, 만들고, 파는 과정을 모두 한 회사가 맡아서 하거든. 보통은 디자인 회사, 제조 공장, 판매점까지 여러 회사들이 함께 옷을 만들고 파는데, 패스트 패션은 한 회사가 다 해서 더 싸고 빠르게 옷을 만들지."

엄마가 패스트 패션에 대해 열심히 설명해 줬지만 강훈이는 거의 듣지 않았어. 이미 귀에 쏙 꽂히는 말만 귓가에 맴돌고 있었기 때문이야.

'가격도 싸고 옷도 많이 판다고?'

강훈이의 눈빛이 반짝거렸어. 새로운 옷을 구경할 생각에 신이 났지. 하지만 그때 그곳을 구경하진 못했어. 엄마가 집에 빨리 들어가야 한다고 하셨거든.

그런데 오늘 마침 이 길목을 지나치게 된 거야!

'좋아! 패스트 패션 브랜드에서 옷을 왕창 사는 거야!'

새로운 옷을 구경할 생각에 강훈이는 벌써부터 신이 났어. 하지만

지난주에 새 옷을 사느라 이미 용돈을 다 써 버렸어. 게다가 당분간 새 옷을 사지 않겠다고 엄마와 약속도 했지.

"그냥 밖에서 살짝 구경만 해야겠다."

강훈이는 마네킹이 전시된 유리창 안을 흘깃흘깃 들여다봤어. 그러다 마네킹이 입고 있는 티셔츠를 발견했지. 빨간 줄무늬가 그어진 예쁜 티셔츠였어.

"저 티셔츠, 내가 정말 좋아하는 스타일이잖아? 진짜 사고 싶다! 어라, 잠깐……. 예전에 비슷한 옷을 샀던 것 같기도 하고……. 아닌가? 모르겠다!"

이때 유리창에 붙은 안내문을 발견한 강훈이는 깜짝 놀랐어. 안내문에 다음과 같이 써 있었기 때문이야.

'1+1! 티셔츠 한 장을 사면 한 장 더 드립니다!'

강훈이는 놀란 눈으로 안내문을 봤어.

"우아! 티셔츠 한 장을 사면 한 장 더 준다고? 엄청나잖아?!"

강훈이는 재빨리 집에 달려갔어. 엄마를 보자마자 옷을 사러 가자고 조르기 시작했지.

"엄마아~ 티셔츠 한 장을 사면 한 장을 더 준대요! 그럼 두 장을 사면 두 장이 공짜, 세 장을 사면 세 장이 공짜인 거예요! 진짜 엄청 싼 거라고요!"

하지만 엄마는 단호하게 말했어.

"강훈아, 네 옷장에는 이미 옷이 충분히 많을 텐데 또 사려고?"

"옷은 많은데 입을 옷이 없다니까요? 그 옷들은 어차피 잘 안 입어서 버릴 생각이에요!"

엄마는 깜짝 놀란 얼굴로 강훈이를 바라봤어.

"멀쩡한 옷을 버린다고? 얼마 전에 엄마랑 어떤 약속을 했지?"

강훈이는 괜히 우물거리며 마지못해 대답했어.

"싸다고 무턱대고 옷을 사지 않기, 하나를 사더라도 오래 입을 수 있도록 질이 좋은 옷을 사기요……. 하지만 엄마! 저는 좋은 옷을 하나 사느니, 싼 옷을 여러 개 갖고 싶다고요!"

그 말에 엄마는 강훈이를 크게 혼냈어. 낭비가 심하다고 말이야. 강훈이는 시무룩한 얼굴로 방에 들어와 침대에 푹 엎드렸어. 옷장이 꽉 차 미처 넣지 못한 옷들이 침대 위에도 한가득 쌓여 있었지.

"하나를 사면 하나를 더 준다는데……. 이렇게 좋은 기회를 놓치

고. 옷을 싸게 사는 게 뭐가 나빠! 옷은 많으면 많을수록 좋잖아!"

한참이나 훌쩍거리던 강훈이는 울다 지쳐 그대로 스르륵 잠이 들었어.

"강훈아, 일어나 봐!"
"설마 강훈이가 죽은 건 아니겠지?"

주변에서 들려오는 시끄러운 소리에 강훈이는 눈을 떴어. 그런데 그곳은 강훈이의 방이 아니었어. 주변이 온통 바다로 둘러싸인 커다란 섬이었지. 강훈이는 매우 놀랐어. 분명 침대에서 잠든 것 같은데 커다란 섬에 뚝 떨어져 있다니!

"어? 강훈이가 일어났어!"
"강훈아! 네가 깨어나길 얼마나 기다렸는지 알아?"

강훈이의 주변에서 들려온 소리는 놀랍게도 옷들이 말하는 소리였어. 파란 스웨터, 구름무늬 반바지, 초록 멜빵바지까지! 다양한 옷들

이 마치 살아 있는 생물처럼 움직이며 말하고 있었지.

"오, 옷들이 말을 하잖아?"

강훈이는 너무 놀라 자리에서 벌떡 일어났어. 그런데 자신 앞에 서 있는 옷들이 왠지 낯설지 않았어.

"어? 너희 뭔가 익숙한데……. 어디서 봤더라?"

기다렸다는 듯 파란 스웨터가 대답했어.

"당연히 익숙하지! 우리는 너의 옷들이니까!"

"뭐? 모두 내 옷이라고?!"

"그래, 여기는 너에게 잊힌 옷들이 사는 '잊힌 옷들의 섬'이야!"

강훈이는 그제야 옷들을 자세히 살펴봤어. 그 옷들은 정말로 강훈이가 예전에 산 옷들이었어. 그런데 어쩐 일인지 최근에는 통 입은 기억이 없었어.

"그래, 내 옷들이 맞네! 그런데 왜 요즘 본 적이 없지? 사이즈가 작아져서 버렸나? 아니면 잃어버렸나?"

이때 옷들 사이로 빨간 줄무늬 티셔츠가 나타났어. 강훈이가 낮에 사려고 했던 티셔츠와 매우 비슷한 디자인이었지. 강훈이는 이미 비슷한 옷이 있었는데 또 사려고 했던 거야.

"사이즈가 작아진 것도, 잃어버린 것도 아니야. 우리는 아직도 너의 옷장에 살고 있어."

빨간 줄무늬 티셔츠가 말하자 강훈이는 고개를 갸웃거렸지.

"뭐? 아직도 내 옷장에 있다고? 근데 왜 안 입었지? 너희 다 새 옷 같은데."

옷들은 매우 사소한 이유로 강훈이가 더 이상 자신들을 입지 않았다고 설명했어. 작은 구멍이 생겨서, 단추가 떨어져서, 그리고 단지 질려 버려서. 옷들의 이야기를 듣고 강훈이는 너무 미안한 나머지 꿀 먹은 벙어리가 되고 말았어.

"나는 겨우 세 번밖에 입어 주지 않았어."

"세 번? 난 한 번밖에 입지 않았거든?"

"나도 마찬가지야! 나도!"

옷들은 기다렸다는 듯 하소연을 했어. 옷들의 성화에 강훈이는 더욱 미안해졌지.

"내 옷장에 이렇게나 옷이 많았단 말이야? 게다가 겨우 한두 번밖에 입지 않고 너희를 잊어버렸다고?"

"그래, 이곳에는 우리처럼 잊힌 옷들이 아주 많아. 저기 높이 솟아 있는 알록달록 산이 보이니? 저게 다 뭔지 알아?"

빨간 줄무늬 티셔츠는 섬 한가운데에 우뚝 솟은 산을 가리켰어. 빨

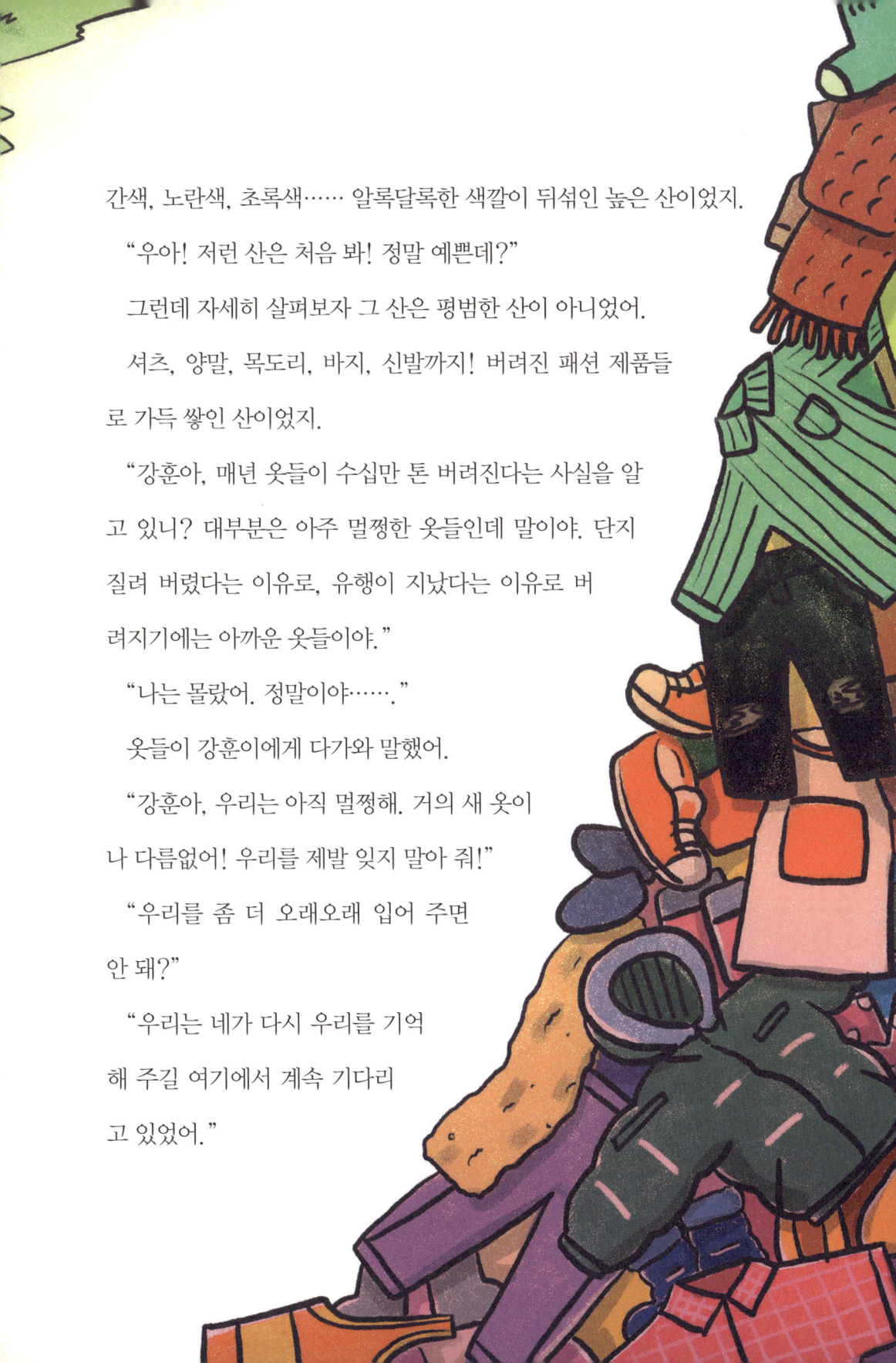

간색, 노란색, 초록색…… 알록달록한 색깔이 뒤섞인 높은 산이었지.

"우아! 저런 산은 처음 봐! 정말 예쁜데?"

그런데 자세히 살펴보자 그 산은 평범한 산이 아니었어.

셔츠, 양말, 목도리, 바지, 신발까지! 버려진 패션 제품들로 가득 쌓인 산이었지.

"강훈아, 매년 옷들이 수십만 톤 버려진다는 사실을 알고 있니? 대부분은 아주 멀쩡한 옷들인데 말이야. 단지 질려 버렸다는 이유로, 유행이 지났다는 이유로 버려지기에는 아까운 옷들이야."

"나는 몰랐어. 정말이야……."

옷들이 강훈이에게 다가와 말했어.

"강훈아, 우리는 아직 멀쩡해. 거의 새 옷이나 다름없어! 우리를 제발 잊지 말아 줘!"

"우리를 좀 더 오래오래 입어 주면 안 돼?"

"우리는 네가 다시 우리를 기억해 주길 여기에서 계속 기다리고 있었어."

옷들은 하나같이 간절한 눈빛으로 강훈이를 바라봤어. 강훈이는 그동안 새 옷만 좋아했던 것이 부끄러웠어. 자신의 옷들에게 너무나 미안했지.

"미안해, 얘들아. 내가 잘못했어. 나한테 이렇게 멋진 옷들이 남아 있는 줄 몰랐어. 이제부터는 너희들을 오래오래 아껴서 입어 줄게! 너희들을 절대 잊지 않을게! 정말이야!"

강훈이의 약속에 옷들은 환한 미소를 지었어.

"고마워, 강훈아!"

강훈이는 눈을 감고 옷들을 꼭 끌어안았어. 감았던 눈을 뜨자 어느새 다시 침대로 돌아와 있었어.

"설마 꿈이었던 건가?!"

너무나 생생한 꿈에 강훈이는 몸을 일으켜 곧장 옷장으로 향했어. 혹시나 싶어 뒤죽박죽인 옷장을 뒤져 보았어. 그런데 정말로 꿈에서 본 옷들이 옷장 구석에 처박혀 있었어. 파란색 스웨터, 노란색 조끼, 구름무늬 반바지, 초록 멜빵바지, 빨간 줄무늬 티셔츠까지!

"진짜로 내가 잊고 있었던 옷들이었어!"

강훈이는 옷들과 한 약속을 지키기 위해 옷장 정리를 시작했어. 일단 옷이 어디 있는지 눈에 잘 보여야 잘 찾아 입을 수 있을 거라고 생각했거든.

  옷장 정리를 모두 끝내고 뿌듯해하고 있을 때, 엄마가 강훈이의 방으로 들어왔어. 엄마는 어느새 깨끗하게 정리된 강훈이의 옷장을 보고 깜짝 놀랐지.

  "엄마, 새 옷을 사지 않아도 되겠어요. 저한테 이미 옷이 충분히 많다는 걸 알았거든요. 이 옷들을 오래오래 잘 입을래요!"

  엄마는 강훈이가 갑자기 달라진 이유가 궁금했어.

  "어쩌다 그런 기특한 생각이 들었니?"

  "잊힌 옷들의 섬에서 만난 친구들이 깨닫게 해 줬거든요!"

  알쏭달쏭한 강훈이의 대답에 엄마는 어리둥절했어. 강훈이는 만족스러운 얼굴로 옷장 안에 걸린 옷들을 바라봤지. 이때, 꿈속에서 보았던 옷들이 살랑 움직였어. 마치 강훈이에게 고마움을 전하듯이 말이야. 강훈이는 씨익 미소를 지었어.

패션이 뭐야?

사람들은 왜 옷을 입을까?

지금 몸에 어떤 옷을 걸치고 있니? 티셔츠를 입은 사람도 있을 테고 멜빵바지나 원피스를 입은 사람도 있겠지? 이 책을 읽는 사람들 가운데 아마 옷을 입지 않은 사람은 없을 거야. 이처럼 우리는 매일 옷을 입어. 날씨에 따라, 기분에 따라, 장소에 따라 매우 다양한 옷을 입지. 사람들은 왜 옷을 입는 걸까?

① 몸을 보호하기 위해 입어

옷은 사람의 몸을 보호하는 기능을 해. 뜨거운 햇빛과 차가운 바람을 막아 주고 몸에 상처가 나지 않도록 감싸 주지. 여름에는 바람이 잘 통하도록 시원한 옷을 입고, 겨울에는 체온이 떨어지지 않도록 두툼한 옷을 입지. 또 우리 주변에는 보이지 않는 세균들이 많아. 옷 없이 알몸으로 다닌다면 나쁜 세균에 감염되기 쉬워. 옷은 나쁜 세균이 우리의 몸에 들어오지 못하도록 막아 주기도 해.

② 예의를 지키기 위해 입어

친구들을 만날 때 옷을 입지 않고 알몸으로 나간다면 어떻게 될

까? 아마 친구들이 매우 깜짝 놀랄 거야. 옷을 입는 것은 이 세상에 사는 사람들이라면 누구나 당연하게 생각하는 일이야. 사람들이 오랜 역사에 걸쳐 맺은 사회적 약속인 거지. 또한 누군가 죽음을 맞이했을 때, 사람들은 검은 옷을 입고 장례식에 가. 바로 옷차림을 통해 슬픔과 위로를 전하는 예의를 갖추는 거야.

③ 자신을 표현하기 위해 입어

옷은 내가 어떤 사람인지 표현하는 도구이기도 해. 어떤 색깔 옷을 좋아하는지, 어떤 스타일을 좋아하는지에 따라 그 사람이 어떤 사람인지 알 수 있지. 또한 옷은 그 사람이 무슨 일을 하는지 나타내기도

해. 교복을 입은 사람은 학교에 다니는 학생임을 알 수 있어. 방화복을 입은 사람은 거센 불길을 끄는 소방관임을 알게 되지.

패션이란 무엇일까?

사람이라면 누구나 옷을 입어. 그래서 옷을 통해 많은 정보를 알게 돼. 그 사람의 직업이 무엇인지, 어떤 기후에 사는지, 어떤 스타일을 좋아하는지 말이야. 특히 옷을 보면 그 시대에 무엇이 유행하는지 잘 알 수 있어. 유행에 가장 민감하고 빠르게 반응하는 것이 옷차림이기 때문이야. 이처럼 사람들 사이에서 유행하는 옷차림이나 스타일을

'패션'이라고 해.

'패션'이라는 말은 원래 신분이 높거나 생활 수준이 높은 상류층 사람들만 사용하는 말이었어. 상류층 사람들에서 유행하는 옷차림과 스타일, 매너, 생활 양식을 모두 일컫는 말이었지. 하지만 지금은 더욱 폭넓은 의미로 쓰여. 이제 패션은 시대마다 유행하는 스타일, 특정한 시기에 많은 사람에게 인기 있는 것을 뜻해. 그리고 옷차림 그 자체를 의미하기도 해.

지구에 사는 생명체 가운데 옷을 입는 것은 오로지 사람뿐이야. 당연히 패션을 즐기는 존재 역시 사람밖에 없지. 그렇다면 패션은 어떻게 시작되었을까?

머나먼 옛날, 사람도 동물들처럼 알몸으로 살았어. 하지만 사람은 동물들과 달리 풍성한 털도, 두꺼운 가죽도 없었지. 이 때문에 혹독한 자연에서 살기가 매우 힘들었어. 동물들의 몸을 뒤덮은 털은 따가운 햇볕과 차가운 바람을 막아 주고, 풀과 나뭇가지에 상처 나지 않도록 보호해 주거든.

동물들과 달리 털이 없었던 사람들은 낮에 뜨겁게 내리쬐는 햇볕을 맨몸으로 견뎌야 했어. 그래서 햇볕에 살이 벌겋게 익기 일쑤였지. 밤이 되면 차가운 공기에 오들오들 떨어야 했고 말이야. 그때는 지금처럼 눈과 비를 막아 줄 튼튼한 집도, 따뜻한 이불도 없었거든. 게다가 먹을 것을 구하러 숲을 돌아다니다 보면 뾰족한 나뭇가지와 거친 잎사귀에 쉽게 상처가 생겼어. 그래서 사람은 자신의 몸을 지키기 위해 옷을 입기 시작했지.

　사람들이 입은 최초의 옷은 자연에서 구한 나뭇잎이나 사냥을 해서 얻은 동물 가죽이었을 거야. 커다란 나뭇잎이나 동물 가죽으로 몸을 가리고 다니면 알몸일 때보다 한결 편했지. 하지만 자연에서 구한 옷들은 잘 찢어지고 관리하기가 어려웠어. 특히 가죽은 매우 따뜻하다는 장점이 있지만 잘못 관리하면 기생충이 생겨 오히려 건강을 해칠 우려가 있었거든. 게다가 뻣뻣하고 무거워서 빠르게 달리기도 힘들었어. 사나운 짐승이 쫓아올 때, 무거운 가죽 옷 때문에 오히려 목숨을 잃는 일도 있었지.

　"가벼우면서도 잘 찢어지지 않는 옷을 만들어야겠다!"

　사람들은 식물에서 얻은 실을 써서 옷을 지을 옷감을 만들기 시작했어. 식물의 겉껍질을 벗겨 내면 하얀 속껍질이 나와. 이걸 물에 불리면 가느다란 섬유가 한 올 한 올 떨어져 나오지. 이것을 가지고 실을 만들었고, 실을 엮어 천을 짰어. 동물의 뼈를 날카롭게 갈아 만든 '뼈바늘'로 몸에 맞는 옷을 지어 입었지.

　이렇게 만든 옷을 입고 사람들은 추위와 더위를 피할 수 있게 되었어. 그러자 이제 몸을 예쁘게 치장하고 싶다는 마음이 생겼지. 그래서 주변에서 쉽게 구할 수 있는 것들로 자신을 꾸미기 시작했어. 조개껍데기로 만든 팔찌, 짐승의 이빨로 만든 목걸이, 짐승의 뼈로 만든 비녀로 몸을 꾸몄지. 옛사람들이 살던 터를 가면 이런 장신구들이 매우 많이 나와. 이러한 장신구들이 사람들 사이에서 유행했다는 뜻이지. 패션이란 그 시대 사람들 사이에서 유행하는 것을 뜻한다고 했지? 바로 이때부터 패션이 시작된 거야.

패션은 끊임없이 변화해

패션은 시대에 따라 끊임없이 변화해. 지금 보기에는 신기하고 이상하지만 당시 사람들에게는 매우 인기 있었던 패션도 있지. 우리는 패션을 보며 과거 사람들의 삶과 생각을 엿볼 수 있어. 그럼 과거 사람들에게 유행한 패션을 몇 가지 살펴볼까?

✨ 고둥 수만 마리로 만든 옷이 있다고?

고대 로마에서는 자주색 실크로 만든 옷이 인기가 많았어. 실크는 아시아에서 수입해야 해서 가격이 매우 비쌌는데 그중 '자주색 실크'는 더욱 귀했어. 왜냐하면 자주색 물감을 구하기가 매우 어려웠거든. 자주색 물감은 물에 사는 고둥으로 만들었는데 물감을 단 1g 만들기 위해 고둥이 무려 1만 마리나 필요했어. 자주색 실크를 만들려면 당연히 엄청난 양의 고둥이 필요했지. 그래서 자주색 실크는 가격이 굉장히 비쌌던 거야. 이 때문에 자주색 실크로 만든 옷은 돈이 많은 상류층이나 특권 계층만 입을 수 있는 패션이었어.

똥을 피하기 위해 만든 신발이 있다고?

 누구나 한 번쯤 높고 뾰족한 하이힐을 신기하게 구경한 적이 있을 거야. 그런데 하이힐이 원래 똥을 피하기 위해 만든 신발이라는 사실 알고 있니? 화장실이 없었던 옛날에는 사람들이 볼일을 보면 오물통에 한꺼번에 모았다가 거리에 버렸대. 당연히 거리는 오물로 가득했지. 그런데 긴 치마를 입은 귀족 여인들이 그 길을 지나간다면 어떻게 될까? 비싼 천으로 만든 옷에 오물이 잔뜩 묻고 말 거야. 그래서 파리에 사는 귀족들은 오물을 피하기 위해 굽이 높은 신발을 만들었어. 구두 밑에 코르크를 여러 겹으로 댄 구두를 만든 거야.

하이힐을 신은 루이 14세의 초상화

 이렇게 만든 '쇼핀'이라는 신발이 바로 최초의 하이힐이야. 당시 하이힐은 여자들뿐만 아니라 남자들도 즐겨 신었어. 프랑스의 왕, 루이 14세는 하이힐을 즐겨 신은 남자로 유명해. 루이 14세는 하이힐을 수천 켤레나 갖고 있었대. 그래서 루이 14세의 초상화를 보면 높은 하이힐을 신은 채 다리를 뽐내는 장면이 많아.

머리에 1m가 넘는 고깔모자를?

15세기 유럽 여성들 사이에서는 다소 특이한 모자가 유행했어. 커다란 원뿔 두 개가 솟아 있는 '에냉'이라는 모자야. 마치 악마의 뿔 같기도 하고, 고깔모자 두 개를 겹쳐 얹은 것 같은 모양이지. 에냉의 끝에는 가볍고 얇은 천이 길게 늘어져 있었지. 머리 위에 높이 솟은 뿔 모자를 쓴 사람을 직접 보았다면 어땠을까? 마치 마법사처럼 보일지도 몰라. 지금 생각하기에는 매우 이상하고 불편해 보이는 모자인데 당시 사람들은 누구나 갖고 싶어했어. 에냉은 더 유행했고 마치 누가 더 높은 에냉을 쓰나 경쟁하듯 높이도 점점 높아졌대. 나중에는 높이가 무려 1m 이상 되는 것까지 나왔다고 해.

에냉을 쓴 여인의 그림

패션은 어떻게 발달했을까?

사람들의 패션을 향한 사랑은 아주 오랜 시간 동안 이어졌어. 그럼에도 꽤 오랫동안 옷과 장신구 등은 매우 귀한 물건이었지. 지금처럼 옷을 만드는 기계도, 공장도 없었기 때문에 사람의 손으로 직접 옷을 하나하나 지어야 했거든. 그래서 옷을 한 벌 만드는 시간도 오래 걸리고 값도 매우 비쌌어. 지금처럼 옷을 여러 벌 가진 사람은 돈이 많은 상류층뿐이었지. 그런데 1733년, 패션의 운명을 바꾼 역사적인 사건이 영국에서 일어났어.

영국은 양을 많이 키우는 나라였어. 그로 인해 양털로 옷을 만드는 모직물 공업이 발달했지. 모직물로 만든 옷은 무겁고 세탁이 까다롭다는 단점이 있었어. 그래서 목화솜으로 짠 면직물 옷을 찾는 사람들이 늘어났어. 면직물로 만든 옷은 모직물에 비해 가격도 싸고 빨기가 쉬웠거든.

"면직물 옷 아직도 안 들어왔나요? 면직물로 된 옷을 주문하고 싶은데요!"

면직물을 찾는 사람들은 점점 늘어나자 영국의 방직 기사로 일하던 존 케이는 사람들이 원하는 만큼 더 빨리, 더 많은 옷을 만드는 방

제니 방적기

수력 방적기

법을 고민했어. 그러던 1733년, '나는 베틀 북(플라잉 셔틀)'이라는 기계를 발명했어. 면직물을 좀 더 빨리, 많이 만들 수 있는 기계였지. 존 케이가 만든 기계를 본 사람들은 모두 크게 놀랐어.

"베틀이 자동으로 돌아가다니!"

"속도가 전보다 훨씬 빨라졌잖아?"

이것을 시작으로 기술은 빠르게 발전했어. 실을 뽑아내는 기계인 방적기도 빠른 속도로 발전했지. 제니 방적기, 수력 방적기, 뮬 방적기 등이 연달아 발명되며 실을 좀 더 빨리, 우수하게 뽑을 수 있게 된 거야. 이 기세를 몰아 옷을 한꺼번에 많이 만들어 내는 공장까지 곳곳에 세워졌어. 이제 더 이상 사람 손으로 일일이 옷을 만들 필요가 없어진 거야. 이 사건이 바로 '산업혁명'의 시작이 되었어.

산업혁명으로 옷을 더 빨리, 더 많이 만들게 되자 패션은 거대한 산업으로 성장해 나갔어. 이제 사람들은 전보다 편하고 빠르게

나는 베틀 북

옷을 살 수 있게 되었지. 의류 회사들은 사람들이 원하는 것을 만족시키기 위해 앞다투어 움직였어. 그 결과, 훨씬 다양한 소재와 디자인으로 옷을 만들었고 실력 있는 디자이너들도 나타났어. 이제 사람들의 삶에 패션은 당연한 것으로 자리 잡았어.

지구를 아프게 하는 패션이 있다고?

패션 산업이 폭발적으로 발전하자 유행 주기는 더욱 짧아졌어. 지난달 유행했던 패션도 금세 휙휙 바뀌곤 했지. 소비자들은 아쉬움을 토로했어.

"최신 유행이라고 하기에 비싼 옷을 샀는데 벌써 유행이 지나가 버렸잖아?"

"비싸고 좋은 옷 하나보다 그때그때 유행하는 옷을 여러 개 갖고 싶어!"

유행 주기가 짧아져서 고민하는 것은 소비자만이 아니었어.

"유행이 이렇게 금방 지나가 버리다니! 아직 팔지 못한 새 옷들이 창고에 잔뜩 남아 있는데 어쩌면 좋지?"

패션 회사들은 창고에 쌓인 재고로 인해 골치가 아팠지. 그래서 패

몬트리올 시내에 있는 패스트 패션 브랜드 '에이치앤앰(H&M)'

션 회사들은 사람들이 원하는 유행을 빨리빨리 반영하면서도 재고가 남지 않는 방법이 없을까 고민했어. 그 결과, 주문을 하면 바로 음식이 나오는 패스트푸드처럼 빨리 만들어 빨리 파는 '패스트 패션'을 만들어 냈어.

 패션 회사들은 보통 봄, 여름, 가을, 겨울 사계절에 맞춰 신상품을 선보여. 1년에 4~5번 정도만 신상품을 내놓지.

 하지만 패스트 패션 업체들은 1~2주일 단위로 새로운 옷을 선보여. 시시각각 변하는 유행을 재빨리 파악해서 사람들이 당장 원하는 옷을 내놓는 거야. 바로 이 점이 패스트 패션의 가장 큰 장점으로 꼽히지. 또한 옷을 디자인하는 일부터 옷을 만드는 일, 옷을 판매하는 일까지 모든 과정을 한 회사가 맡아. 이 때문에 소비자에게 싼 가격으로 옷을 팔 수 있어.

패스트 패션은 2000년대 중반부터 폭발적으로 성장하며 전 세계로 퍼져 나갔어. 세계적인 브랜드로 자리 잡은 에이치앤엠(H&M), 자라(ZARA), 갭(GAP), 유니클로(UNIQLO) 등이 있지.

하지만 최근 들어 패스트 패션의 문제점을 지적하는 사람들이 많아졌어. 패션 산업이 석유 산업 다음으로 환경 파괴를 가장 많이 일으키기 때문이야. 이런 상황 속에서 더 빨리, 더 많은 옷을 만들어 내는 패스트 패션은 환경 파괴를 앞당기는 주범으로 지목받고 있어.

 이야기 둘

재판장에 선 패션 씨

    패션 씨는 매일 아침 자기 이름을 검색하는 것으로 하루를 시작해.
    "오늘도 수많은 사람들이 나에 대해 얘기하고 있군. 후후!"
    패션 씨는 수많은 사람들의 사랑을 받는 인기 스타야. 전 세계 사람들은 하루도 빠짐없이 패션 씨에 대해 얘기하고 패션 씨의 모든 것에 아주 관심이 많아. 패션 씨에 대해 다루는 잡지나 책, 프로그램도 무척 많지.
    "이 식을 줄 모르는 인기란!"

잠깐 사이에도 전 세계 SNS에는 패션 씨에 대한 게시물이 쉴 새 없이 올라왔어. 이런 관심이 패션 씨에게는 너무나 익숙하고 당연했어. 아주 오랜 시간 동안 끊임없이 사랑을 받았기 때문이지.

그런데 이때 패션 씨가 사는 대저택에 초인종 소리가 울려 퍼졌어.

딩동!

"이렇게 이른 아침부터 누구지? 설마 또 극성팬들이 집에 찾아온 건가?"

우아한 가운을 걸친 패션 씨는 나선형 계단을 성큼성큼 내려갔어. 그런 중에도 초인종 소리는 계속해서 울렸지.

딩동! 딩동! 딩동!

마치 패션 씨를 재촉하듯이 울려 대는 초인종 소리에 패션 씨는 다급하게 출입문을 열었어.

"어휴! 나왔습니다, 나왔어요. 그런데 누구시죠? 아무리 팬이라도 이렇게 집으로 찾아오는 건 곤란하답니다."

그런데 문 앞에 서 있는 것은 검은 정장을 입은 남자들이었어. 짙은 선글라스를 끼고 있어 표정을 전혀 읽을 수 없었지.

"당신이 패션 씨입니까?"

선글라스를 낀 남자가 묻자 패션 씨는 고개를 끄덕였어.

"네, 제가 바로 그 유명한 패션입니다. 그런데 무슨 일이죠?"

패션 씨가 대답을 마치자마자 남자들이 패션 씨의 양팔을 잡았어. 덜컥 겁이 난 패션 씨가 크게 외쳤지.

"왜, 왜 이래요?"

남자들의 입에서는 전혀 뜻밖의 말이 흘러나왔어.

"패션 씨, 당신은 이제부터 재판을 받아야 할 피고입니다."

"재판이요?"

"네, 지구가 당신에게 소송을 걸었거든요. 지금 당장 재판장에 가야 합니다."

남자들과 함께 재판장으로 향하는 길. 패션 씨는 이 모든 상황이 당황스럽기만 했어.

"재판이라뇨. 뭔가 잘못된 게 틀림없어요. 저는 잘못한 게 없다고요!"

"일단 재판장에 가 보면 모두 알게 될 겁니다."

끼익-. 차가 멈춘 곳은 커다란 재판장 앞이었어. 선글라스를 쓴 남자들이 재판장의 문을 활짝 열었어. 남자들의 손에 이끌려 피고석에 서자 그제야 패션 씨는 재판장 안 풍경이 눈에 들어왔어. 높은 곳에

위치한 판사석에는 머리가 희끗희끗한 판사가 앉아 있었어. 패션 씨의 반대편에는 붕대를 온몸에 두른 지구가 앉아 있었지.

이때 판사가 패션 씨를 향해 입을 열었어.

"패션 씨. 저쪽은 이 재판을 신청한 원고, 지구 씨입니다. 지구 씨는 당신이 자신을 병들게 했다며 이 재판을 신청했습니다. 그래서 당신은 이곳에서 피고로서 재판을 받게 된 것입니다."

패션 씨는 이 모든 것을 여전히 이해할 수가 없었어.

"판사님, 제가 왜 재판을 받아야 하죠? 저는 아주 오랜 시간 동안 사람들에게 아름다운 옷과 신발, 장신구로 많은 기쁨을 주었다고요!"

패션 씨가 크게 외치자 검은 옷을 입은 검사가 패션 씨 앞에 다가왔어.

"과연 그럴까요? 이제부터 당신의 죄가 무엇인지 하나하나 따질 겁니다. 당신이 억울한지 아닌지는 이 재판이 끝나면 알게 되겠죠."

검사는 재판장에 설치된 커다란 스크린에 영상을 틀었어. 영상에는 옷들이 가득 쌓여 있는 쓰레기장이 나오고 있었지.

"패스트 패션이 유행하면서 의류 쓰레기는 20년 전보다 2배 이상 늘어났습니다. 이 때문에 온실가스 배출량도 늘어나 지구의 환경이 심각하게 파괴되었고요."

화면은 바다의 모습으로 바뀌었어. 화면 가득 펼쳐진 바다 위에는 죽은 물고기들이 둥둥 떠다녔지.

"게다가 옷을 세탁할 때마다 나오는 미세 플라스틱은 바다로 흘러가 수많은 바다 생물의 목숨을 위협했습니다."

패션 씨는 입을 다물 수밖에 없었어. 검사의 말이 모두 사실이었기 때문이야. 그러자 검사가 피고석에 앉은 패션 씨에게 다가와 질문을 던졌어.

"패션 씨, 당신은 청바지 한 벌을 만드는 데 얼마나 많은 물이 필요한지 아십니까?"

갑작스런 질문에 패션 씨는 식은땀이 줄줄 흘렀어. 단 한 번도 생

각해 보지 않은 문제였기 때문이야.

"자, 잘 모르겠는데요."

검사는 그럴 줄 알았다는 듯 대답했어.

"무려 물이 7000리터나 필요합니다."

검사의 말에 패션 씨는 귀를 의심했어.

"예? 7000리터라고요? 청바지 한 벌이라면서요. 한 벌을 만드는 데 그렇게나 많은 물이……."

패션 씨가 혼란에 휩싸인 사이에 검사는 단호하게 외쳤어.

"네, 고작 한 벌을 만드는 데 필요한 물의 양이 7000리터입니다. 이는 4인 가족이 일주일 동안 쓰는 물의 양입니다!"

검사는 설명을 계속 이어 나갔어.

"우리가 아는 청바지는 거칠고 진한 원단에 약품을 바르고, 긁고, 빠는 과정을 거쳐야 완성

됩니다. 이 과정에서 많은 물과 전기, 화학용품을 사용하기 때문에 환경을 오염시키죠. 패션 씨가 일으킨 문제는 이뿐만이 아닙니다."

화면에는 연이어 좁은 철창 안에 갇혀 있는 동물들이 나타났어. 밍크, 여우, 하프물범까지 귀여운 동물들이 숨 막히는 철창 안에서 눈물을 흘리고 있었지.

"모피 코트는 사람들에게 인기 있는 패션 가운데 하나입니다. 하지만 이러한 모피 코트를 만들기 위해 죄 없는 동물들이 희생됩니다. 게다가 이런 동물들은 살아 있을 때 몽둥이질을 당해 가죽이 벗겨집니다."

동물들이 고통스럽게 죽어 가는 모습에 패션 씨는 그만 두 눈을 질끈 감았어. 마음이 아파서 도저히 계속 볼 수 없었거든.

"왜 동물들이 살아 있을 때 가죽을 벗기는지 아십니까? 흠집이 적은 가죽을 얻기 위해서입니다. 단지 흠집이 적고 윤기 나는 모피를 얻기 위해 수많은 동물들이 고통스럽게 죽는 것입니다."

패션 씨는 그제야 고개를 툭 떨어뜨렸어. 누가 봐도 패션 씨의 죄가 분명했기에 패션 씨는 꼼짝없이 자신의 운명을 받아들일 수밖에 없었지.

'이대로 감옥에 끌려간다고 해도 할 말이 없어.'

쾅!

이때 재판장 문이 다급하게 열렸어.

거친 숨을 몰아쉬며 나타난 이는 다름 아닌 패션 씨의 변호사였어.

"헉헉! 늦어서 죄송합니다! 저는 패션 씨의 변호사입니다."

변호사는 서둘러 패션 씨의 옆으로 달려와 섰어.

"지금 검사님이 말한 사실은 모두 인정합니다. 하지만 요즘 패션 씨도 지구를 위해 노력하고 있다는 사실을 알아주십시오!"

변호사의 말에 판사가 날카로운 눈빛으로 물었어.

"어떤 노력을 하고 있다는 말이죠?"

"패션 씨는 최근 들어 유행을 쫓아가지 않고 오랜 기간 입을 수 있는 옷에 대해 알리고 있습니다. 친환경적인 방법으로 만드는 친환경 섬유도 연구 중이고요. 환경과 사람에게 어떻게 하면 피해를 덜 줄 수 있을까 고민하고 있기 때문이죠."

변호사가 말하자 재판장에 있는 사람들이 술렁이기 시작했어.

"또한 버려진 옷을 다시 활용하는 리사이클링과 업사이클링에 대해서도 적극적으로 알리고 있습니다. 요즘 패션 씨는 지구와 환경을 생각하는 지속 가능한 패션인 '착한 패션'에 대해 누구보다 열정적으로 공부하고 있습니다. 패션 씨 덕분에 '착한 패션'에 대해 처음 알게 된 사람도 아주 많습니다."

　변호사는 패션 씨를 쫓아 착한 패션을 따라 하는 사람이 늘어나고 있다며 패션 씨가 지구에 나쁜 영향만 끼친 건 아니라고 강조했어.

　"판사님, 패션 씨는 많은 사람들에게 사랑받는 인기 스타입니다. 그만큼 사람들에게 미치는 힘이 매우 크지요. 만약 패션 씨가 자신의 힘을 긍정적으로 사용한다면 더 많은 사람들이 지구를 살리는 패션에 동참할 것입니다. 이상입니다."

　이제는 판사가 결정을 내릴 시간이었어. 패션 씨를 감옥으로 보낼지 아닌지는 순전히 판사의 몫이었지. 고민에 빠져 있던 판사는 조심스럽게 입을 열었어.

　"잠시만요. 고민할 시간이 더 필요합니다. 30분 동안 재판을 쉬도록 하겠습니다."

　판사가 재판장을 떠나자 그제야 패션 씨는 제자리에 털썩 주저앉았어. 다리가 너무 후들거렸거든. 변호사는 그런 패션 씨를 부축하며 등을 토닥토닥 다독였어.

　"잘될 겁니다. 판사님의 결정을 기다려 보도록 하죠."

　패션 씨는 판사를 기다리는 30분이 마치 세 시간처럼 느껴졌어. 마침내 약속했던 시간이 지나고 재판장에 판사가 돌아왔어.

"피고, 패션 씨?"

판사의 부름에 패션 씨는 떨리는 목소리로 대답했어.

"네, 판사님."

"패션 씨는 많은 사람들에게 사랑을 받는 인기 스타입니다. 패션 씨가 앞으로 어떻게 하느냐에 따라 세상이 더 좋아질 수도, 나빠질 수도 있다고 생각합니다. 패션 씨는 지구를 위해 앞으로도 노력할 것을 이 자리에서 맹세할 수 있습니까?"

패션 씨는 떨리는 목소리를 애써 다잡으며 대답했어.

"네, 맹세합니다!"

"좋습니다. 그럼 판결 내리겠습니다. 패션 씨가 그동안 환경을 오염시켜 지구를 아프게 한 것은 분명합니다. 하지만 최근 들어 문제를 해결하기 위해 노력한 점, 앞으로 긍정적으로 변하려는 의지가 강하다는 점을 인정해 판결을 잠시 미루도록 하겠습니다. 앞으로 어떻게 변화하는지 우리 모두 함께 패션 씨를 지켜볼 것입니다."

땅땅땅!

판사는 판사 봉을 크게 세 번 내리쳤어. 가까스로 감옥행을 면한 패션 씨는 가슴을 쓸어내렸어. 하지만 이제 패션 씨의 운명은 패션 씨가 어떻게 하느냐에 달리게 된 거야.

"마음 고생 많았습니다. 자, 이제 그만 가죠."

변호사가 패션 씨와 함께 재판장을 나서려고 하자 패션 씨가 발걸음을 멈췄어.

"잠깐만요."

다시 재판장을 향해 돌아선 패션 씨는 아직 원고석에 앉아 있는 지구를 향해 깊숙이 머리를 숙였어. 예상치 못한 패션 씨의 행동에 재판장 안에 남아 있던 사람들은 깜짝 놀랐지.

"정말 죄송합니다. 앞으로 지구와 환경을 위해 누구보다 앞장설 것을 신성한 법정에서 엄숙하게 약속합니다!"

깍듯하게 허리를 숙이고 있는 패션 씨의 앞에 불쑥 무언가가 다가왔어. 바로 지구의 손이었어. 고개를 든 패션 씨는 자신을 향해 악수를 청하는 지구를 보았어.

"잘 부탁드리겠습니다. 패션 씨. 당신의 행동에 제 운명이 달려 있어요."

패션 씨는 조심스레 지구의 손을 맞잡았어. 그러고 나서 마음속으로 다시 한 번 다짐했어. 착한 패션을 더 널리 알리고, 반드시 지구를 되살리겠다고 말이야.

패션에도 착하고 나쁜 게 있다고?

언제나 사람들의 사랑을 받아 온 '패션'

패션은 시대와 관계없이 항상 사람들의 뜨거운 관심거리였어. 조선 시대에는 '가체'라고 하는 머리 장식이 여인들 사이에서 유행했어. 가체란 머리숱이 많아 보이게 하려고 머리 위에 두르는 가발이야. 가체의 무게는 무려 20kg이 넘는 경우도 있었어. 이 때문에 목이 부러져 죽은 여성이 있을 정도였지. 가체가 지나치게 유행하자 조선의 왕인 영조는 가체를 금지하라는 명을 내렸어. 하지만 그럼에도 가체의 유행을 막을 수는 없었다고 해.

중세 시대 유럽 남성들 사이에서는 스타킹이 유행했어. 귀족 남성들은 전쟁터에 나가기 위해 갑옷을 자주 입었어. 그런데 갑옷을 입을 때 다리에 상처가 자주 생겼지. 그래서 이를 방지하기 위해 얇은 비단이나 천으로 만든 스타킹을 신고 그 위에 갑옷을 입는 것이 유행했다고 해.

신윤복의 '미인도'에 나온 가체 쓴 여인

패션은 오랜 역사에 걸쳐 꾸준한 사랑을 받았어. 패션이 이토록 많은 사랑을 받은 이유는 무엇일까? 패션은 아름다움과 개성을 드러내기에 좋은 수단이기 때문이야. 그리고 가장 손쉽게 기분을 바꿀 수 있는 방법이기도 하지. 마음에 드는 옷을 입었을 때 기분이 좋아진 경험은 누구에게나 있을 거야. 꼭 갖고 싶었던 신발을 신으면 매일 걷던 길도 새로운 길처럼 느껴지지. 바로 이것이 패션이 지닌 마법이야.

산업혁명이 일어나며 기술이 크게 발전하면서 패션은 큰 산업으로 성장했어. 그 결과, 누구나 쉽고 편하게 패션을 누릴 수 있게 되었지. 그런데 패션이 거대한 산업으로 성장하자 뜻하지 않은 문제들이 생겨났어.

패션이 문제를 일으킨다고?

패션 산업이 발전하면서 세계 곳곳에서는 다양한 문제들이 일어났어. 어떤 문제인지 살펴볼까?

환경 오염 문제

놀랍게도 현재 패션 산업은 석유 산업에 버금가는 공해로 꼽혀. 전 세계 사람들은 1년에 옷을 무려 800억 점이나 산다고 해. 특히 패스트 패션이 유행하면서 전 세계에서 만들어 내는 옷의 양은 20년 전보다 2배나 늘었어. 사람들은 옷을 더 많이 샀고, 그만큼 버리는 옷도 많아졌지.

문제는 옷을 만들고 버리는 모든 과정이 환경에 큰 영향을 미친다는 거야. 일단 옷을 만들 때 엄청난 양의 물이 필요해. 국제환경보호

 단체인 그린피스에 따르면 청바지를 한 벌 만들 때 물이 무려 7000 리터나 필요하대. 이건 4인 가족이 일주일 동안 쓸 수 있는 양이야. 엄청나지?

 옷은 세탁할 때도 환경이 오염돼. 옷을 세탁하면 사람의 눈에 보이지 않을 만큼 작은 플라스틱 조각이 나와. 이것을 '미세 플라스틱'이라고 하지. 국제자연보전연맹(IUCN)은 이 미세 플라스틱이 나오는 가장 큰 원인이 '의류'라고 지목했어.

 "바다로 흘러 들어온 미세 플라스틱의 35%는 패션 산업 때문입니다!"

 미세 플라스틱은 바다와 강으로 흘러가 물고기들의 먹이가 돼. 이 물고기들은 다시 우리의 식탁에 올라와. 결국 돌고 돌아 우리가 미세 플라스틱을 먹게 되는 거지. 미세 플라스틱은 우리의 건강에 매우 나

쁜 영향을 끼친다고 해.

또한 옷을 버릴 때도 환경이 파괴돼. 버려진 옷들을 땅에 묻거나 태우면서 토양과 대기가 오염되거든. 게다가 사람들은 전보다 빨리 옷을 버려. 미국의 패션 기자이자 작가인 데이나 토마스는 사람들이 옷을 너무 빨리 버린다고 비판했어.

"사람들은 옷 한 벌을 단 7번만 입고서 버립니다!"

이처럼 옷을 만들고, 세탁하고, 버리는 모든 과정에서 환경이 오염돼. 현재 지구는 패션 산업이 일으킨 환경 오염으로 몸살을 앓고 있어.

동물 학대 문제

　모피 코트는 사람들에게 많은 사랑을 받는 패션 중 하나야. 그런데 모피를 만들기 위해서 동물이 매년 1억 마리 이상 목숨을 잃는다는 사실을 알고 있니?

　모피는 짐승의 털가죽을 벗겨 만든 옷이야. 의류 산업이 발전하지 않았던 옛날에는 체온을 유지하기 위해 어쩔 수 없이 동물 가죽으로 몸을 보호해야 했어. 그러나 지금은 동물 가죽이 아니어도 몸을 따뜻하게 만드는 옷들이 아주 많아. 하지만 그럼에도 여전히 모피를 사는 사람들이 있어. 단지 멋있고 예쁘게 보이고 싶다는 이유로 말이야. 겨우 그런 이유로 동물들은 소중한 목숨을 잃고 있어. 그것도 아주 고통스러운 방식으로 말이지.

　북극여우는 모피 때문에 희생되는 대표적인 동물이야. 털이 눈처럼 하얗고 보드랍기 때문이지. 야생의 북극여우는 매우 날렵해서 하루에 100km를 넘게 돌아다니는 자유로운 동물이야. 하지만 모피를 만들기 위해 몸을 움직일 수조차 없는 좁은 철창 안에서 고통스럽게 갇혀 있다가 죽어. 이런 북극여우를 20마리나 희생시켜야 모피 코트가 단 한 벌 완성된다니 너무 끔찍하지 않니?

　북극여우뿐만이 아니야. 밍크, 라쿤, 코요테, 비버, 물개 등 수많은

북극여우

 동물들이 모피 때문에 생명을 잃고 있어. 자연에서 마음껏 뛰어다니며 살던 동물들이 좁은 철창에 갇히면 어떻게 될까? 극심한 스트레스를 받아서 제자리를 빙글빙글 돌거나 자기 몸을 물어뜯기도 해. 단지 패션을 위해 인간이 동물의 소중한 삶을 희생시키는 게 과연 옳은 일일까?

 세계적인 동물학자, 제인 구달은 이렇게 말했어.

 "인간에게는 동물을 다스릴 권한이 있는 것이 아니라 모든 생명체를 지켜야 할 의무가 있습니다!"

 모피를 비판하는 목소리는 점점 높아지고 있어. 다행히 모피를 적극적으로 금지하는 움직임이 늘고 있지. 뉴질랜드는 밍크 수입을 금지했고, 인도는 밍크, 여우, 친칠라의 모피 수입을 금지했어. 하지만 여전히 모피로 거래되는 동물은 많아. 게다가 우리나라는 중국, 러시아와 함께 모피를 가장 많이 수입하는 나라 중 하나야. 너무 가슴 아프지 않니?

노동 착취 문제

최근 20년 사이에 사람들이 옷을 사는 양이 크게 늘었어. 가장 큰 이유가 있다면 바로 옷의 가격이 저렴해졌기 때문일 거야. 특히 전 세계에 있는 패스트 패션 회사들이 싼 가격으로 옷을 많이 공급하고 있어. 패스트 패션 회사들은 대체 어떻게 옷을 싸게 만드는 것일까?

패스트 패션 회사들은 개발 도상국에 공장을 세워서 옷을 만드는 비용을 절약해. 미국이나 유럽에 비해 개발 도상국에서 옷을 만들면 노동 비용이 줄어들어 옷을 만드는 비용도 더 줄게 되지. 하지만 그만큼 개발 도상국의 노동자들은 턱없이 적은 월급을 받게 돼.

방글라데시는 패스트 패션 회사의 공장이 많이 있는 나라 중 하나야. 그곳의 노동자들은 한 시간 동안 일하는 대가로 단돈 260원을 받아. 말도 안 되게 적은 금액이지.

이처럼 노동의 대가를 제대로 지불하지 않는 것을 '노동 착취'라고 해. 그런데 노동 착취보다 더 심각한 문제가 있어. 바로 안전 문제야.

지난 2013년, 방글라데시에서 전 세계를 충격에 빠뜨린 사고가 일어났어. 방글라데시의 '사바르'라는 도시에 있는 건물 '라나플라자'가 무너진 거야. 라나플라자에는 패스트 패션 회사의 공장들이 많이 있었어. 그런데 부실 공사로 인해 건물 벽에 금이 가기 시작했지. 하지만 이렇게 위험천만한 상황에도 건물주와 관리인은 노동자들에게 계속 옷을 만들도록 시켰어.

"마감 기한 안에 옷을 모두 완성해야 하니까 계속 일해!"

"건물 밖으로 대피하는 건 일이 끝난 다음이야!"

언제 무너질지 모르는 건물에서 노동자들은 두려움에 떨며 하루에 10시간이 넘도록 일을 했어. 그리고 결국 2013년 4월 24일, 라나플라자가 와르르 무너지고 말았어. 그곳에서 일하던 1100여 명은 안타깝게 목숨을 잃었지.

라나플라자 붕괴 사고는 전 세계에 큰 충격을 안겼어. 평소 패스트 패션 브랜드를 사랑했던 사람들은 더욱 충격이 컸지.

"내가 즐겨 입던 저렴한 옷이 방글라데시 노동자들의 월급과 안전 비용을 아껴 얻은 대가라니!"

소비자들은 패스트 패션 회사들을 비판했어. 이를 계기로 노동자의 인권과 안전을 보호하는 움직임이 시작됐어. 하지만 지금도 여전히 수많은 개발 도상국의 노동자들은 노동 착취를 당하며 위험한 환경에서 옷을 만들고 있어.

패스트 패션의 두 얼굴

　패션이 일으킨 문제의 중심에는 패스트 패션 산업이 있어. 처음에 패스트 패션은 최신 유행을 빠르게 반영한 디자인을 저렴한 가격으로 판매하는 좋은 패션처럼 보였어. 이 때문에 사람들의 마음을 단숨에 사로잡았지.

　그때그때마다 유행하는 옷을 적게 만들어 빨리 팔아 버렸기 때문에 기업 입장에서도 매우 좋았어. 재고가 남지 않았기 때문이지. 이렇듯 패스트 패션은 소비자와 기업 모두 만족하는 패션처럼 보였어. 적어도 처음에는 말이야.

　패스트 패션이 우리의 삶에 들어오자 사람들은 필요하지 않은 옷들까지 마구 샀어. 덕분에 유행을 쫓아 쉴 새 없이 옷을 쇼핑하는 사람들, 이른바 '패스트 패션족'이 등장했지.

　"전에는 한 벌 살 가격인데 이제 여러 벌 살 수 있으니 더 많이 사야겠어!"

　"가격이 싸니까 유행하는 옷을 전부 살 수 있어!"

　하지만 패스트 패션을 사랑한 대가는 너무나 컸어. 특히 환경 오염 문제가 매우 심각했어. 2018년, '지속 가능한 패션 산업을 위한 유엔

(UN) 협력'은 패션 산업이 지구를 오염시키는 가장 큰 원인이라고 비판했어.

"전 세계 폐수 배출량 중 패션 산업이 차지하는 비중은 20%, 탄소 배출량은 10%에 달합니다!"

이제 패션 산업은 지구 오염의 주범이라고 손가락질 받아. 환경을 파괴시킨 책임에서 자유롭지 못하게 된 거야.

패션계의 새로운 유행으로 떠오른 '착한 패션'

패션 업계가 일으킨 문제점들이 속속 드러나면서 최근 '착한 패션'에 대한 관심이 커지고 있어. 착한 패션이란 미래와 환경을 위해 지속 가능한 방법으로 옷을 만드는 패션이야. 환경을 살리는 패션이라는 의미에서 '친환경 패션', '에코 패션'이라고도 해. 환경을 해치는 패스트 패션과 반대된다는 뜻으로 '느린 패션', '슬로우 패션'이라고도 불리지.

영화 〈해리포터〉에서 헤르미온느 역을 맡았던 엠마 왓슨은 착한 패션을 실천하는 배우로 유명해. 2016년, 엠마 왓슨은 미국 뉴욕에서 열린 '멧 갈라 패션쇼' 레드 카펫에서 아주 특별한 드레스를 선보

였어. 플라스틱을 재활용한 유기농 면과 유기농 실크 소재로 만든 친환경 드레스였지.

"나는 지구에서 가장 심각한 오염 물질인 플라스틱을 재창조해 드레스로 입었습니다! 이런 시도가 계속되기를 바랍니다!"

이제 유명인들만이 아니라 평범한 소비자들도 '착한 패션'을 마땅한 흐름으로 받아들이고 있어.

패션계를 변화시킨 '소신 소비'

요즘 젊은 사람들은 '소신 소비'에 주목하고 있어. 소신 소비란 물건을 살 때 사회와 환경에 미치는 영향까지 고민하는 것을 의미해. 물건을 살 때 환경을 지키는 방식으로 만든 제품을 찾아 사는 거야. 설사 가격이 더 비싸더라도 말이지.

　소신 소비를 하는 사람들에게 돈을 쓴다는 건 단지 물건을 사는 행동이 아니야. 자기 신념에 따라 사는 거야. 미국의 한 설문 조사에 따르면 소비자의 66%가 물건을 살 때 환경에 미치는 영향을 고민하겠다고 대답했어. 이처럼 소신 소비는 이제 많은 사람들의 가치관이 되었어.

　이러한 변화는 패션 업계에 가장 큰 영향을 미치고 있어. 환경 오염에 민감해진 소비자가 늘면서 환경 오염의 주범으로 꼽히는 패션 업계가 큰 타격을 입었기 때문이야. 특히 더 이상 패스트 패션을 사지 않겠다는 소비자들이 늘어나면서 패스트 패션 업계는 뚜렷한 침체기를 겪고 있어. 패션 업계는 소비자들의 변화에 발맞추어 빠르게 변하고 있어. 최근 패션계에서 '착한 패션', '친환경 패션'이 대세가 되어 가는 것도 모두 이 때문이야. 이제 패션 업계에서 친환경 패션은 더 이상 선택이 아닌 필수가 된 거야.

 이야기 셋

아주 특별한 재활용 패션쇼

"오늘은 또 어떤 옷을 입으실 겁니까?"

옷장 앞에 서 있는 주이를 향해 비서가 묻자 주이가 답했어.

"오늘은 공항에 가는 날이라 더 고민이 되네요!"

주이는 왜 비행기를 타러 가면서 옷을 고민하는 것일까? 바로 '공항 패션' 때문이야. 공항 패션이란 유명인들이 공항에서 입은 옷차림을 말해.

"분명 기자들이 제 공항 패션을 찍기 위해 모여 있을 거예요."

주이는 한때 유명한 패션모델이었어. 파리, 밀라노, 뉴욕 등 전 세계에서 열리는 유명 패션쇼를 누비고 다녔지. 개성 넘치는 얼굴과 당당한 워킹으로 많은 사랑을 받았어. 또한 주이는 환경에 관심이 많은 것으로도 유명했어. 환경 운동가였던 어머니의 영향으로 어릴 적부터 자연스레 친환경 패션을 좋아하게 되었거든.

현재 주이는 모델을 은퇴한 뒤 친환경 디자이너로 활동하는 중이야. 사람들은 여전히 주이에게 관심이 많았어. 주이가 평소에 어떤 옷을 입는지, 어떤 신발을 신는지 몹시 궁금해했지. 특히 주이가 공항을 갈 때마다 입는 옷들은 매번 큰 화제가 되었어. '주이 공항 패션 템'으로 유명세를 타서 매진되기 일쑤였어. 그래서 주이는 공항에 갈 때면 평소보다 더 신경 써서 옷을 골랐던 거야.

옷장 앞에서 한참이나 고민하던 주이는 크게 소리쳤어.

"오늘은 버려진 자동차 가죽으로 만든 치마와 옥수수로 만든 친환경 모피, 플라스틱으로 짠 신발을 신겠어요!"

주이는 오늘 머리부터 발끝까지 모두 친환경 제품으로 착용하기로 했어. 사람들이 자신을 보고 조금이라도 친환경 패션에 관심을 가지기를 바랐거든.

주이가 공항에 도착하자 주이를 기다리던 기자들이 일제히 카메라를 들어 올렸어.

"어? 왔다! 왔어! 주이가 등장했어!"

찰칵찰칵! 카메라 셔터 소리가 쉴 새 없이 울려 퍼졌어.

"주이 씨, 여기요!"

"이쪽도 봐 주세요, 이쪽!"

주이는 기자들에게 다정하게 손 인사를 한 뒤에 비행기에 올랐어.

이번 비행의 목적지는 프랑스 파리야! 몇 달 뒤에 선보일 패션쇼를 준비하고자 파리의 작업실로 가는 길이었지. 막상 비행기를 타자 곧 다가올 패션쇼 생각에 주이의 마음은 한없이 무거워졌어. 누구보다 열심히 패션쇼를 준비하고 있지만 마음속에서 지워지지 않는 생각이 있었거든.

"패션 산업으로 환경 파괴 문제는 점점 심각해지는데……. 나는 패션을 너무나 사랑하고, 패션으로 돈을 버는 직업을 갖고 있어."

게다가 주이는 패션쇼를 한 번 열 때마다 얼마나 많은 자원과 에너지가 낭비되는지를 누구보다 잘 알고 있었어. 그래서 마음이 더욱 복잡했지.

이때 옆자리에 앉아 있던 비서가 휴대폰을 보여 주며 말했어.

"디자이너님, 조금 전에 찍힌 사진이 실시간 검색어에 바로 올라왔습니다!"

비서의 말대로 인터넷 포털 사이트의 실시간 검색어에는 주이의 이름이 올라와 있었어. '주이 공항 패션', '옥수수 모피', '플라스틱 신발'이 나란히 인기 검색어에 있었지.

"디자이너님이 착용한 옥수수 모피, 플라스틱 신발에 대해 사람들이 검색하고 있나 봐요. 친환경 제품에 대한 관심이 많아질 것 같습니다. 역시 디자이너님의 영향력은 대단하십니다!"

비서의 말을 들은 주이는 문득 좋은 생각이 떠올랐는지 눈빛을 반짝였어.

"그래! 내가 가진 영향력을 이용해 더 많은 사람들에게 친환경 패션을 알려야겠어!"

주이는 이번 패션쇼를 지금까지와는 완전히 다른 방식으로 준비하기로 했어. 많은 에너지와 자원을 낭비하지 않고 환경을 생각하는 패션쇼를 만들기로 한 거야. 일명 '100% 재활용 패션쇼'였지.

파리에 도착하자마자 주이는 곧장 작업실로 향했어.

"비서님, 지난 패션쇼에서 쓰고 남은 원단들을 모두 모아 주세요."

쓰레기장으로 가야 할 원단을 모아 달라니! 비서는 주이의 부탁이

어리둥절했지만 서둘러 버릴 원단들을 모아 둔 창고로 향했어. 그런데 어쩐 일인지 창고는 텅 비어 있었어.

"디, 디자이너님! 오늘 아침에 청소부가 원단들을 모두 버렸다고 합니다!"

"네? 뭐라고요?"

"어쩌면 쓰레기차가 이미 수거해 갔을지도 모릅니다……."

비서의 말에 주이는 서둘러 쓰레기장으로 향했어. 때마침 쓰레기 수거 트럭이 쓰레기들을 싣고 있었어. 주이는 깜짝 놀라 외쳤어.

"잠깐만요! 잠시만 기다려 주세요! 제 소중한 원단들을 가져가시면 안 돼요!"

주이가 발 빠르게 움직인 덕분에 쓰레기가 될 뻔한 원단들은 무사히 주이의 작업실에 도착했어. 주이는 품 안 가득 안고 온 자투리 원단을 작업대 위에 와르르 쏟았지.

"이런 자투리 원단으로 대체 뭘 하시려는 거예요?"

여전히 이해할 수 없다는 듯 비서가 물었어. 주이는 밝게 미소 지었어.

"버리는 원단들을 재활용해서 새로운 스타일의 옷을 만들어 낼 거랍니다!"

 쓰레기가 될 운명이었던 원단들은 주이의 손을 거쳐 하나둘 멋있는 옷으로 변신했어.

 다음 날, 주이는 커다란 천 조각을 펼쳤어. 이 천 역시 지난 패션쇼에서 쓰고 남은 원단이었지.

 "흠, 버리는 부분을 가능한 한 적게 할 방법이 없을까?"

 옷을 만들기 위해서는 먼저 천을 여러 조각으로 잘라야 해. 이런 천 조각들을 바느질로 이어 붙이면 옷 한 벌이 완성되는 거지. 이때 필요한 천을 자르고 남은 자투리 천이 많이 버려졌어.

"천을 최대한 낭비하지 않고 싶은데."

긴 고민 끝에 주이는 천을 자르는 방식을 바꾸기로 했어. 어떻게 하면 천 하나에 가능한 한 많은 조각이 들어갈 수 있는지 이리저리 자리를 바꿔 보며 계산했지. 마치 퍼즐 조각을 맞추듯 말이야.

이 과정은 원래 방식보다 훨씬 더 오래 걸렸어. 원래 방법대로 천을 마음껏 쓰면 며칠밖에 걸리지 않았을 일이 몇 개월씩이나 걸렸지. 하지만 주이는 끝까지 포기하지 않았어. 환경을 생각하는 방법으로 옷을 만드는 게 사람들에게 좋은 메시지가 된다고 생각했거든. 그 결과, 천을 훨씬 덜 낭비하게 되었지.

오로지 패션쇼만 생각하며 작업실에 틀어박혀 있기를 몇 달째! 주이는 마침내 패션쇼에 선보일 수십 벌을 모두 완성했어.

"드디어 완성이야!"

하지만 주이의 고민은 아직도 끝나지 않았어. 패션쇼 무대를 어떻게 만들지가 남아 있었거든.

매년, 전 세계 곳곳에서는 크고 작은 패션쇼가 열려. 패션쇼가 열릴 때마다 매번 새로운 무대를 만들고 패션쇼가 끝나면 모두 부수지. 단 한 번의 패션쇼를 위해 만든 무대이기 때문이야. 그래서 패션쇼가 끝난 자리에는 고작 한 번만 쓴 목재들이 수북하게 쌓여 있어.

"단 한 번의 패션쇼를 위해 나무가 낭비되는 것은 너무 안타까운 일이야. 패션쇼 무대까지 모두 친환경으로 만들고 싶은데 어떻게 해야 할까?"

좋은 아이디어는 쉽게 떠오르지 않았어. 주이는 머리도 식힐 겸 작업실 근처에 있는 박물관으로 향했어. 박물관 안에 있는 정원을 거닐다 보면 마음이 아주 차분해졌거든.

"어떻게 하면 목재를 적게 쓰면서 무대를 만들 수 있을까?"

넓은 정원을 걸으면서도 주이의 머릿속은 온통 패션쇼 생각뿐이었어. 그러다 문득 주이는 발걸음을 멈췄어. 그리고 정원을 찬찬히 둘러봤어. 정원 안에는 아름다운 나무와 초록 풀들이 싱그럽게 반짝이고 있었어.

"패션쇼라고 해서 꼭 무대를 새로 만들어야 할 필요는 없잖아? 만약 이 아름다운 정원을 무대로 삼는다면?"

생각을 전환하자 해답은 금방 찾았어. 주이는 환호성을 질렀어.

몇 달 뒤, 마침내 패션쇼가 열리는 날이 밝았어.

"주이가 어떤 패션쇼를 선보일까?"

"어떤 무대에 어떤 옷이 나올지 정말 기대돼!"

주이의 패션쇼에 초대받은 사람들은 저마다 기대감에 부풀어 패션쇼장으로 향했어. 그런데 사람들이 도착한 곳은 여느 패션쇼장과 달랐어. 바로 박물관의 정원이었지.

"정원에서 하는 패션쇼라니!"

"이런 패션쇼는 난생 처음이야!"

손님들은 신기한 얼굴로 하나둘 박물관의 정원으로 들어섰어. 그런데 한 손님이 주위를 두리번거리다 패션쇼 담당 직원에게 물었어.

"그런데 쇼 노트는 없나요?"

쇼 노트란 패션쇼의 정보를 담은 종이야. 쇼 노트를 보고 손님들은 이번 패션쇼의 의미와 디자인에 대한 정보를 알게 되지. 하지만 쇼 노트 역시 단 한 번만 쓰이고 패션쇼가 끝나면 버리지. 그래서 주이는 쇼 노트도 새롭게 만들기로 했어.

"저희 패션쇼는 스마트폰 앱에서 정보를 볼 수 있습니다!"

직원의 안내에 따라 손님들은 스마트폰을 꺼내 앱을 다운 받았어. 그 속에는 이번 패션쇼에 대한 알찬 정보가 가득 있었지. 손님들도 매우 만족한 눈치였지. 쇼 노트를 잃어버릴 일도 없고 간편하게 정보를 볼 수 있었거든. 무엇보다 단 한 번의 패션쇼를 위해 종이가 낭비되는 일을 막을 수 있었지.

푸른 잔디밭에 놓인 의자에 손님들이 모두 앉자 우아한 음악이 흘러나오고 패션쇼가 시작됐어. 우거진 수풀 사이에서 주이의 옷을 입은 모델들이 나타났어. 무대가 아닌 잔디밭을 걷는 모델들을 보고 사람들은 감탄했어.

"잔디밭을 걷는 패션쇼라니! 정말 신선한데?"

더 놀라운 것은 주이가 만든 옷이었어. 버리는 원단을 재활용해서 만들었다고는 믿을 수 없을 만큼 아름다웠거든. 주이의 '100% 재활용 패션쇼'는 큰 박수를 받으며 성공적으로 마무리되었어.

패션쇼가 끝난 뒤, 주이는 사람들이 모두 빠져나간 정원을 바라봤어. 어느새 정원은 본래의 모습으로 돌아가 있었어. 마치 패션쇼가 열린 적이 없었던 것처럼 말이야.

주이의 패션쇼가 끝난 자리에는 쓰레기가 거의 남아 있지 않았어. 나무로 무대를 짓는 대신 잔디밭을 그대로 썼기 때문에 목재 쓰레기가 없었거든. 또, 종이로 만든 쇼 노트를 사용하지 않아서 버려진 종이도 없었어. 손님들이 앉았던 의자 역시 필요한 사람들에게 기부되었지.

패션쇼를 잘 마무리했다는 안도감이 들자 주이는 긴장이 사르르 풀렸어.

"후! 드디어 끝났구나!"

이때 주이를 향해 비서가 달려왔어.

"디자이너님, 이것 보세요! 우리 패션쇼가 실시간 검색어에 올랐습니다!"

주이의 패션쇼는 '아주 특별한 재활용 패션쇼', '세상에서 가장 독창적인 패션쇼'라는 이름으로 찬사를 받았어. 패션쇼 의상뿐만 아니라 패션쇼를 구성하는 과정을 모두 환경을 생각한 방법으로 해낸 것을 인정받은 거야.

몇 달 동안 힘겹게 준비한 패션쇼가 좋은 반응을 받자 주이의 눈에는 기쁨의 눈물이 차올랐어. 지난 몇 달간 고생한 것을 보상받은 기분이었지. 주이는 앞으로도 환경을 생각하는 패션 디자이너의 길을 묵묵히 걸어가야겠다고 다짐했어.

착한 패션을 만드는 사람들이 있다고?

환경을 생각하는 일, 당장 시작해야 돼

　현재 전 세계 곳곳은 이상 기후로 몸살을 앓고 있어. 2020년, 한국은 54일간 연속으로 비가 내려 큰 수해를 입었지. 미국에는 대규모 산불이 일어났고 중동에서는 가뭄이 심해졌어. 전문가들은 이러한 현상이 모두 기후 변화 때문이라고 말해.

　지난 몇십 년 동안 인간은 석유·석탄 등 화석 연료를 써서 에너지를 얻었어. 우리 생활은 매우 편리해졌지만 화석 연료를 쓴 만큼 이산화탄소가 많이 생겨나서 지구의 온도가 높아졌지. 즉 지구 온난화

를 일으킨 거야.

지구 온난화는 지구의 생태계에 큰 영향을 끼쳐. 지구의 온도가 오르면 아주 큰 변화가 일어나. 이를테면, 단 1도만 올라도 북극의 얼음이 녹기 시작하고 동물들이 살 서식지가 사라지지. 6도가 올랐을 경우, 육지와 바다 생물의 95%가 사라져. 인간 역시 살 수 없게 돼. 온난화는 특히 기후에 큰 영향을 미치는데 폭염, 폭우, 산사태, 대기 오염, 가뭄, 폭풍 등을 일으키지.

과학자들은 최근 들어 기후 변화가 더 심해지고 있다고 지적해.

"기후 변화를 이대로 방치할 경우, 인간을 비롯한 지구의 동식물이 빠르게 멸종할 것입니다! 지금 당장 기후 변화를 막기 위해 노력해야 합니다!"

 하지만 아직도 대다수 사람들은 지구가 얼마나 심각한 상황에 처했는지 모르고 있어. 환경에 관심 없는 사람도 여전히 많아. 관심이 있다고 해도 당장 무슨 일부터 해야 하는지 모르는 사람도 많지. 이런 상황에서 점점 역할이 중요해지는 사람들이 있어. 바로 패션 디자이너야.

왜 패션 디자이너들의 역할이 중요할까?

 "디자인이 할 수 있는 마지막 일은 쉽게 재사용하고 재활용할 수 있도록 하는 것이다."

 '환경을 생각하는 디자인'으로 유명한 빅터 파파넥은 이렇게 말했어. 그는 디자이너들의 역할이 그 무엇보다 중요하다고 강조했지. 왜냐하면 패션 디자이너는 유행을 창조하는 사람이기 때문이야.

 유행은 매우 다양한 방식으로 만들어지는데 '4대 패션쇼'는 전 세계 유행에 가장 큰 영향을 미치는 것으로 유명해. 파리, 뉴욕, 런던, 밀라노에서 열리는 4대 패션쇼는 전 세계에서 인정받는 디자이너들이 모여 의상을 발표하는 장이야. 이곳에서 많은 관심을 받은 옷은 금방 전 세계로 퍼져 나가 유행이 되지.

　유행은 사람들의 생활 방식을 바꿔. 좋은 쪽으로 바꿀 수도 있고, 나쁜 쪽으로도 바꿀 수 있어. 그만큼 사람들에게 큰 영향력을 미치지. 이 때문에 패션 디자이너들의 역할은 더욱 중요한 거야. 패션 디자이너들이 어떤 옷을 유행시키느냐에 따라, 사람들이 환경에 좋은 옷을 살 수도 있고 나쁜 옷을 살 수도 있거든.

　최근 패션 산업에서는 환경 오염 문제를 심각하게 받아들이고 이를 바꾸려는 움직임이 일고 있어. 그 중심에 패션 디자이너들이 있지.

착한 패션을 만드는 착한 디자이너들

✦ 전 세계에서 가장 유명한 친환경 패션 디자이너, '스텔라 맥카트니'

　스텔라 맥카트니는 친환경 패션의 선두 주자야. 어릴 때부터 시골에서 자란 맥카트니는 자연스럽게 친환경에 관심이 생겼어. 평소에도 환경을 위해 채식을 하고 동물 제품을 사용하지 않는 것으로 유명하지. 이런 삶의 철학을 자신이 만드는 패션에도 반영해. 맥카트니는 디자인을 할 때, 반드시 일곱 가지 신념을 지키며 작업한다고 해.

1. 동물의 가죽, 모피, 깃털을 사용하지 않는다.

2. 동물 실험을 하지 않는다.

3. 생산 과정에서 공기를 오염시키는 소재(폴리염화비닐)를 사용하지 않는다.

4. 앙고라토끼를 사용하지 않는다.

5. 수생 생물을 해치는 염색 기법을 사용하지 않는다.

6. 가공 과정에서 생산자들의 폐 질환을 일으키는 기법을 사용하지 않는다.

7. 아동을 강제로 일하게 하는 나라에서 만든 면을 사용하지 않는다.

처음에 맥카트니가 동물 가죽을 전혀 쓰지 않은 구두를 내놓았을 때 사람들은 크게 비웃었어. 하지만 맥카트니는 꾸준히 자신만의 길을 걸어갔어. 그 결과, 이 시대의 가장 유명한 친환경 패션 디자이너가 되었어. 미국의 대표 시사 주간지 〈타임〉은 맥카트니를 '우리 시대의 가장 영향력 있는 사람들'로 선정했어.

최근 맥카트니는 이색적인 패션쇼로 또 한 번 화제의 중심에 올랐어. 패션쇼 런웨이에 젖소, 토끼, 여우 등 귀여운 동물 탈을 쓴 모델들을 세운 거야. 이를 통해 맥카트니는 친근하고 재미있게 동물 실험에 반대하는 메시지를 전달했지.

✨ 낭비 제로의 지지자, '단 포'

패스트 패션이 유행하면서 많은 옷을 빠르게 만들게 되면서, 버리는 자투리 천도 많아졌어. 영국에서만 매년 옷감 200만 톤이 버려진다고 해. 이렇게 버리는 옷감을 줄이는 데 앞장서는 디자이너가 있어. 바로 영국의 남성복 디자이너, 단 포(Dan Vo)야.

단 포는 옷감을 독특하게 자르며 환경 보호를 실천해. 옷을 만들려면 원래 옷의 앞면, 뒷면, 팔, 옷깃 부분을 조각내어 잘라 내. 이 조각들은 넉넉하게 사이를 띄우고 잘라야 실수를 줄일 수 있어. 하지만 이렇게 자르면 버리는 자투리 천이 많아지지.

그래서 단 포는 자신만의 옷감 자르기 방법을 개발했어. 하나의 옷감 위에서 최대한 옷 조각들이 빼곡하게 들어가도록 계산한 뒤에 자르는 거야. 마치 퍼즐 조각을 맞추듯 요리조리 옷 조각들을 배치하는 거지. 이 방법으로 최대한 버리는 천을 줄이는 '낭비 제로'를 실천하는 거야.

이 방식으로 만들면 예전 방법보다 더 오래 걸리고 훨씬 신경을 많이 써서 옷감을 다뤄야 해. 하지만 단 포는 "환경에 나쁜 영향을 줄이는 것을 가장 중요하게 생각한다"며 계속 환경을 생각하는 방식으로 옷을 만들어.

✨ 버리는 쓰레기를 패션으로! '제레미 스캇'

제레미 스캇은 특이한 디자인으로 항상 사람들을 놀라게 하는 패션계의 악동이야. 곰돌이 인형이 달린 운동화, 날개가 달린 시계, 감자튀김 모양 휴대폰 케이스 등 개성이 넘치는 디자인으로 많은 사랑을 받고 있지.

2017년 밀라노 패션쇼, 제레미 스캇은 또 한 번 충격적인 디자인으로 사람들을 놀라게 했어. 쓰레기로 옷을 만들어 선보인 거야. 런웨이에 오른 모델은 비닐로 만든 드레스를 입었어. 그런데 그 드레스는 다름 아닌 세탁소 비닐로 만든 옷이었어. 세탁소에 옷을 맡기면 옷이 더러워지지 않도록 덮어 주는 바로 그 비닐 말이야!

제레미 스캇은 세탁소 비닐 외에도 휴지 상자, 박스 테이프, 찢어진 잡지 조각처럼 우리가 쉽게 버리는 쓰레기로 독특한 의상을 만들었어. 한 사람이 버린 쓰레기가 다른 이들에게는 보물이 될 수 있다는 메시지를 전달했지.

패스트 패션의 착한 변신

이제는 소비자들도 '지구를 지키기 위한 소비를 하자'고 달라지고 있어. 지구에 해를 끼치는 패스트 패션을 사지 않겠다고 선언하는 사람들도 늘고 있지. 소비자들이 달라지자 패스트 패션도 변하기 시작했어.

패스트 패션 업계의 1인자, '에이치앤엠(H&M)'은 환경과 지구를 위해 지속 가능한 패션을 선보이겠다고 선언했어. 에이치앤엠은 그동안 패스트 패션이 환경 파괴에 앞장섰다는 비판을 겸허히 인정하고 앞으로는 친환경 패션을 적극적으로 연구하겠다고 약속했어.

최근에는 파인애플 잎에서 추출한 천연 가죽, 와인을 만들고 남은

포도 찌꺼기로 만든 가죽과 같은 친환경 소재로 제품을 만들어 선보였어. 또한 의류 쓰레기를 줄이기 위해 헌 옷을 상품권으로 바꿔 주는 '의류 수거 프로젝트'도 진행하고 있지. 전 세계 에이치앤엠 매장에는 헌 옷을 수거하는 상자가 있어. 누구나 이곳에 입지 않은 옷을 넣을 수 있어. 이렇게 수거한 옷은 재활용된다고 해.

또 다른 패스트 패션 브랜드인 '자라(ZARA)' 역시 2025년까지 친환경 또는 재활용 섬유만을 사용해 옷을 만들겠다고 발표했어.

패션계에서 시도하는 다양한 변화들

패션계에는 환경을 위한 변화가 일고 있어. 2018년 폴란드의 카토비체에 글로벌 의류 산업 관계자들이 한자리에 모였어. 버버리, 아디다스 등 누구나 이름만 들으면 아는 유명 패션 회사들이 유엔 기후변화협약에 참가하기 위해 모인 거야. 그 자리에서 세계적인 의류 회사들은 2030년까지 온실가스 배출량을 30% 줄이겠다고 약속했어.

"온실가스 줄이기, 패션 산업이 앞장서겠습니다!"

그뿐만이 아니야. 이 외에도 패션계 곳곳에서 다양한 변화가 일어나고 있어.

✦ 패션쇼 줄이기

대부분의 패션 업체는 매년 패션쇼를 다섯 번 해. 봄, 여름, 초가을, 가을, 겨울에 맞춰 신제품을 발표하거든. 그런데 패션쇼를 한 번 할 때마다 엄청난 자원과 에너지가 낭비돼. 그래서 환경을 생각하는 방식으로 패션쇼를 만들려고 시도하고 있어. 명품 브랜드 디올은 패션쇼에 사용된 나무를 다시 자연의 품으로 돌려보냈어. 루이비통은 패션쇼에 사용된 목재를 재활용하기로 했지.

이러한 흐름 속에서 가장 친환경적인 패션쇼는 패션쇼를 하지 않는 것이라는 주장이 등장했어. 이탈리아 명품 브랜드 구찌는 앞으로 패션쇼를 두 번으로 줄이겠다고 발표했어. 영국패션협회와 미국패션디자이너협회 역시 패션쇼를 1년에 2회 이하로 진행하라고 권해.

계절에 상관없이 입을 수 있는 옷 만들기

요즘 기후 변화로 인해 우리나라를 비롯해 수많은 나라에서 계절이 불분명해지고 있어. 예전에는 봄, 여름, 가을, 겨울이 뚜렷해 사계절에 맞는 옷을 모두 장만해야 했어. 하지만 지금은 그럴 필요가 없어. 가장 더울 때와 가장 추울 때만 제외하면 사실 기온 차이가 크지 않거든.

이 때문에 전 세계에서는 계절에 상관없이 입을 수 있는 옷들이 인기를 끌고 있어. 이에 발맞춰 패션 업계도 이런 옷을 선보이고 있어. 특정 계절에만 어울리는 디자인은 가급적 넣지 않고, 너무 두껍지도 얇지도 않은 옷을 만드는 거야. 디자인 역시 유행을 타지 않도록 기본에 충실하게 만들었지. 이렇게 만든 옷은 1년 중 열 달이나 입을 수 있다고 해. 이런 옷이 나오면 계절이 바뀔 때마다 새 옷을 사던 습관도 바뀔 거라고 기대하고 있지.

옷을 사지 말라고 광고하기

2011년, 세계적인 의류 회사인 파타고니아는 미국의 대표 신문 〈뉴욕타임스〉에 특이한 광고를 내놓았어. 파타고니아의 광고에는 파타고니아의 재킷 사진 위로 "이 재킷 사지 마세요. 꼭 필요하지 않으면"이라는 문구가 써 있었지. 옷 회사가 옷을 사지 말라고 광고하다니 참 이상하지? 파타고니아는 대체 왜 이런 광고를 만든 걸까?

"우리는 소비자들이 옷을 사기 전, 이 옷이 꼭 필요한지 스스로 고민해 보았으면 합니다!"

소비자들이 필요하지 않은 옷을 사는 걸 막기 위해 이런 광고를 만들었던 거야. 파타고니아는 환경을 우선하는 친환경 브랜드로 유명해. 환경을 오염시키지 않으면서 최고의 제품을 만드는 것을 경영 철학으로 삼지.

또한 매출의 1%를 '지구세'라는 이름으로 기부해 자연환경을 보존하는 데 사용해. 최근에는 무료로 옷을 수선해 주는 프로그램을 만들어 소비자들이 새 옷을 사는 대신 헌 옷을 고쳐 입도록 이끌고 있어.

 이야기 넷

아낌없이 주는 선인장

    요즘 엘리오는 매일 연구실에 있어. 새로운 섬유를 만들기 위해 애쓰는 중이거든. 엘리오의 직업은 섬유 개발 기술자야. 다양한 섬유를 연구하여 새로운 섬유를 개발하는 사람이지. 요즘 그는 동물 가죽을 대신할 섬유를 만들려고 해. 얼마 전에 단단한 조개껍데기를 이용해 가죽을 만들려고 했지만 결국 실패하고 말았어.
    "이런! 또 실패군. 단단한 조개껍데기라면 분명 성공할 줄 알았는데……. 동물을 해치지 않으면서도 동물 가죽처럼 따뜻하고 튼튼한

섬유를 만들고 싶은데."

엘리오는 왜 동물 가죽을 대신할 섬유를 만들려고 할까?

몇 년 전, 엘리오는 우연히 한 다큐멘터리를 봤어. 좁은 철창 속에 갇힌 북극여우가 나오는 다큐멘터리였어. 그런데 영상 속 북극여우는 우리가 익히 아는 모습이 아니었어. 모피를 만들기 위해 사람들이 억지로 살을 찌운 탓에 매우 뚱뚱한 모습이었지.

일반적인 북극여우들의 체중은 3.5kg인데 그곳에 갇힌 북극여우들의 경우, 무려 19kg이었어. 게다가 사방이 뚫려 있는 '뜬장' 안에서 매서운 칼바람과 뜨거운 햇볕을 견디고 있었지.

더욱 충격적인 건 이렇게 고통 받는 동물들이 북극여우 말고 더 있다는 거야. 밍크, 라쿤, 코요테, 비버, 물개 등 수많은 동물들이 모피 때문에 희생되고 있었지. 좁은 철창에 갇힌 동물들은 극심한 스트레스를 받아 철창 안을 몇 시간 동안이나 빙글빙글 돌았어. 자기 몸을 깨물거나 다치게 하는 동물도 있었지.

다큐멘터리를 본 엘리오는 큰 충격에 휩싸였어. 모피를 위해 동물들이 희생된다는 건 알고 있었지만, 이 정도일 줄은 몰랐던 거야. 그날 이후, 엘리오는 동물 가죽을 더 이상 사지 않겠다고 다짐했어. 그런데 동물의 털은 엘리오가 생각했던 것보다 더 많은 곳에서 사용되고 있었어.

"패딩 점퍼의 모자에 붙어 있는 털도 모피였다고? 라쿤의 털을 뽑아 만들었다니!"

뿐만 아니었어. 동물 가죽은 옷과 벨트, 운동화, 가방 등에도 널리 사용되었지. 이러한 가죽을 얻으려면 매년 5천 마리 이상씩 동물들이 희생돼. 엘리오는 가죽을 얻기 위해 동물들을 기르느라 산과 숲 역시 파괴된다는 사실도 알게 됐어. 동물을 기를 공간을 만들기 위해 숲을 없애 버리기 때문이지.

"이런 문제들을 해결하기 위해 내가 할 수 있는 일은 없을까? 만약 동물 가죽을 대체할 가죽을 만든다면 동물들이 덜 희생되지 않을까?"

그래서 엘리오는 대체 섬유를 만드는 연구에 매진하게 된 거야. 지금까지는 번번이 실패하고 말았지만.

"이번에야말로 성공하는 줄 알았는데……."

또 한 번 실패해 실의에 빠져 있던 엘리오는 벽시계를 확인하고 깜짝 놀랐어.

"어느새 시간이 벌써 이렇게!"

오늘은 아들 톰의 생일을 맞아 나들이를 가기로 했거든.

"이크! 서두르지 않으면 늦겠어!"

엘리오는 발걸음을 재촉해 연구실 밖으로 나섰어. 서두른 덕분에 다행히 약속 시간에는 늦지 않았지.

"톰! 준비 다 했니? 이제 출발할 시간인데?"

집으로 돌아온 엘리오가 현관에서 소리치자 선인장 모양 모자를 쓴 톰이 뛰어나왔어.

"물론이죠!"

톰의 머리 위에 길쭉하게 솟은 선인장 모자를 보고 엘리오는 조심스레 톰에게 물었어.

"톰, 그 모자를 쓰고 외출할 계획이니? 좀 불편하지 않을까?"

톰은 전혀 문제없다는 얼굴로 대답했지.

"저는 꼭 이 모자를 쓰고 가고 싶어요! 아니, 쓰고 갈 거예요!"

요즘 톰은 선인장에 푹 빠져 있어. 얼마 전 같은 반 친구, 제니가 작은 선인장을 선물했거든. 제니는 톰이 짝사랑하는 아이야. 톰은 제니에게 선물받은 선인장을 매일매일 들여다봤어. 선인장에게 '니니'라는 예쁜 이름도 지어 줬지.

"니니, 잘 잤니? 물 먹은 지 오래 돼서 목이 많이 말랐지? 내가 물을 줄게!"

톰은 매일 아침 선인장에게 말을 건네고 선인장 잘 키우는 법도 열심히 공부했지. 그런 톰을 지켜보며 엘리오는 선인장에게 참 고마웠어. 톰에게 웃음을 되찾아 주었기 때문이야.

몇 해 전, 톰의 엄마는 하늘나라로 떠났어. 슬픔에 빠진 톰은 엄마를 잃은 후로 잘 웃지 않았어. 그런데 선인장을 기르기 시작한 뒤로 다시 웃게 된 거야. 엘리오는 혹시나 선인장이 금방 시들어 버리면 톰이 상심할까 봐 걱정했어. 하지만 선인장은 다른 식물들과 달리 쉽게 시들지도, 자주 물을 줄 필요도 없었어. 어린 톰이 기르기에도 큰 무리가 없었어. 여러모로 고마운 존재였지.

며칠 전, 엘리오는 톰에게 생일 때 무엇을 갖고 싶냐고 물었어. 톰은 망설임 없이 대답했어.

"제니가 그러는데 옆 동네에 선인장 농장이 있대요! 거기에서 니니의 친구를 데려오고 싶어요!"

그리하여 엘리오와 톰은 함께 선인장 농장으로 향했어.

부웅—!

운전대를 잡고 있던 엘리오는 옆자리에 앉은 톰을 바라봤어. 톰은 벌써부터 잔뜩 들떠서 볼이 발그레져 있었지. 엘리오의 차는 모래바람이 부는 사막으로 들어섰어.

"어? 저기 보세요, 아빠! 선인장들이 잔뜩 서 있어요!"

톰의 손가락이 가리킨 곳을 바라보자 정말로 선인장들이 줄을 지어 있었어. 햇볕이 쨍쨍 내리쬐는 사막 한가운데서도 선인장들은 단단한 초록빛을 빛내며 우뚝 서 있었지.

"저기 선인장 농장이 보여요! 멋진 선인장을 만날 수 있을까요?"

톰의 말에 엘리오는 따뜻하게 웃으며 대답했어.

"물론이지!"

선인장 농장에 도착한 엘리오와 톰은 커다란 유리 정원 안으로 들어섰어. 그곳에는 수많은 종류의 선인장들이 따뜻한 햇볕을 받으며 서 있었지.

"이렇게 많은 선인장을 본 건 처음이야!"

톰은 신이 난 얼굴로 선인장들을 향해 달려갔어. 그러고는 선인장들을 하나하나 유심하게 관찰했지. 동글동글 포도알처럼 생긴 선인장, 오이처럼 길쭉하게 자라는 선인장, 사람이 두 팔을 크게 벌리고 '만세!' 하는 모양의 선인장까지! 유리 정원 안에는 다양한 선인장들이 있었어.

"이건 넓적한 부채처럼 생긴 부채 선인장, 이건 성게처럼 동그란

몸에 뽀족뽀족한 가시가 달려 있는 성게 선인장, 이건 꼭 살을 발라 먹고 남은 생선뼈처럼 생겨서 생선뼈 선인장이에요!"

톰이 물 만난 물고기처럼 농장 안을 누비는 사이에 엘리오도 모처럼 여유로운 시간을 즐기며 선인장들을 둘러보기로 했어.

"정말 신기하게 생긴 선인장들이 많네. 우아! 이 선인장은 키가 나보다 훨씬 크잖아?"

엘리오 앞에는 마치 장승처럼 거대한 선인장이 서 있었어.

이때 톰이 엘리오를 향해 달려왔어.

"아빠, 이것 보세요! 밀짚모자를 쓴 선인장도 있어요!"

그런데 톰은 너무 신이 난 나머지 발이 꼬여 넘어지며 커다란 선인장 화분을 쓰러뜨렸어. 깜짝 놀란 엘리오는 단숨에 달려가 톰을 일으켜 세웠어.

"톰! 괜찮니? 어디 다친 곳 없어?"

엘리오는 톰의 몸 구석구석을 살펴봤어. 다행히 톰은 다치지 않았지만 톰이 넘어뜨린 선인장은 두꺼운 가지 하나가 뚝! 부러져 바닥에 떨어져 있었어.

"이걸 어쩐담!"

이때 엘리오와 톰의 뒤에서 낯선 목소리가 들려왔어.

"걱정 마세요. 선인장은 매우 튼튼하니까요!"

목소리의 주인공은 이 선인장 농장을 운영하는 농부였어. 농부는 엘리오와 톰에게 말했어.

"조금 있으면 부러진 곳에서 새로운 가지가 쑥쑥 자랄 겁니다."

"정말 죄송합니다."

톰 역시 엘리오를 따라 고개를 숙여 사과를 했어. 그런 톰과 엘리오를 보고 농부는 껄껄 호탕한 웃음을 터뜨렸지.

"선인장은 강한 아이들이니까 정말로 신경 쓰지 않으셔도 됩니다. 척박한 땅에서도 잘 자라고, 잎을 잘라 내도 스스로 재생되니까요!"

농부의 말을 듣고 엘리오는 깜짝 놀랐어.

"잎을 잘라 내도 스스로 재생된다고요?"

부러진 선인장을 툭툭 쓰다듬으며 농부가 대답했어.

"네! 게다가 물도 많이 줄 필요도 없어 재배하기도 매우 쉽죠."

농부의 말을 들은 엘리오는 깊은 생각에 잠겼어. 뭔가 좋은 아이디어가 떠오를 것 같았기 때문이야.

'잎을 잘라 내도 스스로 재생이 되고, 재배하기도 쉽다고?'

그날 밤, 엘리오와 톰의 집 창가에는 새로운 선인장이 하나 더 놓였어. 바로 선인장 농장에서 산 선인장이었지. 톰은 새 선인장에게 '티티'라는 이름을 지어 주고 잠자리에 들었어.

톰이 잠든 깊은 밤, 엘리오는 창가에 나란히 놓인 두 선인장을 보며 농장에서 들었던 농부의 말을 떠올렸어.

"선인장은 척박한 땅에서도 잘 자라고, 잎을 잘라 내면 스스로 재생이 됩니다. 게다가 물도 많이 줄 필요가 없어 재배하기도 매우 쉽죠!"

문득 머릿속에 좋은 생각이 스쳐 지나갔어.

"튼튼하고 질긴 데다 재배할 때 물도 많이 필요하지 않다니! 어쩌면 선인장으로 천연 섬유를 만들 수 있지 않을까?"

다음 날, 엘리오는 곧장 선인장 연구에 들어갔어. 우선 어제 방문한 선인장 농장에 연락해 연구에 필요한 선인장을 주문했어.

며칠 뒤, 농부는 껄껄 웃으며 엘리오가 주문한 선인장을 싣고 연구실 앞에 나타났어.

"이 많은 선인장으로 무얼 하려고 그러십니까?"

호기심 어린 농부의 질문에 엘리오는 자신 있게 대답했어.

"섬유를 만들 겁니다! 튼튼한 선인장 섬유를요!"

엘리오는 가장 먼저 농장에서 받은 선인장을 깨끗하게 닦았어. 흙이나 벌레 같은 이물질을 없애기 위해서였지. 그런 다음, 깨끗하게 세척한 선인장을 사흘 동안 햇빛에 말려 수분을 없앴어. 화학 물질을 사용하지 않고 오로지 햇볕만으로 말렸지.

"음! 바짝 아주 잘 말랐군!"

이제 수분이 날아간 선인장들을 곱게 빻을 차례였어. 잘 마른 선인장들을 모두 고운 가루로 만든 엘리오는 가루 안에 여러 가지 재료를 섞고 압축해 마침내 선인장 가죽을 완성했어.

"드디어 완성이야!"

엘리오가 만든 선인장 가죽은 예쁜 초록색을 띠고 있었어. 게다가 동물 가죽처럼 자연스럽고 탄력이 좋았어. 옷, 신발, 가방처럼 가죽으로 만들었던 거의 모든 물건을 선인장 가죽으로 만들 수 있었지. 또한 10년 동안이나 쓸 수 있을 만큼 튼튼했어.

엘리오는 처음 만든 선인장 가죽으로 가방 두 개를 만들었어. 하나는 톰에게, 다른 하나는 자신에게 큰 영감을 준 선인장 농부에게 선물했어. 엘리오가 선인장 가죽을 만들었다는 소식이 알려지자 곧 선인장 가죽을 사용하고 싶다는 문의가 빗발쳤어.

"선인장 가죽으로 친환경 가방을 만들고 싶습니다!"

"동물 가죽 대신 선인장 가죽으로 자동차 시트를 만들 생각이에요!"

엘리오는 선인장 가죽이 널리 사용된다면 동물 가죽 때문에 희생되는 동물들이 줄어들 거라는 희망이 생겼어. 사람에게 좋은 친구가 되어 주고 동물들까지 살리는 선인장이 마치 아낌없이 주는 나무처럼 느껴졌지.

착한 기술로 만든 착한 패션이 있다고?

동물 가죽의 대체품으로 떠오른 인조 모피

점점 가치 있는 소비에 대한 관심이 커지면서 동물 가죽으로 만든 모피를 사지 않는 사람들이 늘고 있어. 샤넬, 구찌, 버버리를 비롯한 세계적인 패션 브랜드들 역시 더 이상 모피를 사용하지 않겠다고 선언했지. 그 대신 등장한 것이 바로 인조 모피야.

인조 모피란 합성 섬유를 사용해 진짜 모피처럼 만든 가짜 모피야. 동물의 가죽을 사용하지 않았다는 점에서 친환경 의류로 큰 관심을 받았지. 유명 브랜드들은 앞다투어 인조 모피를 활용한 패션을 선보였어. 친환경 패션이라면서 말이야. 그런데 과연 인조 모피가 진짜로 친환경적일까?

답은 '그렇지 않다'야. 인조 모피는 대부분 아크릴이나 폴리에스테르 같은 합성 섬유로 만들어. 문제는 합성 섬유를 세탁할 때 환경 오염의 주범인 미세 플라스틱이 나온다는 거야.

이뿐만이 아니야. 합성 섬유는 석유에서 얻은 재료로 만드는데 이 때문에 썩는 데 매우 오랜 시간이 걸려. 또한 다양한 색깔의 모피를 만들기 위해 화학 약품으로 염색하면서 물도 오염되지.

다시 말해 인조 모피는 동물을 생각한 것이긴 하나 환경을 생각했다고 말하기는 어려워. 그래서 환경 운동가들은 인조 모피가 '에코 퍼'라는 이름을 달고 인기를 끄는 걸 걱정해. 그런 가운데 동물 가죽을 대체하면서도 환경을 해치지 않는 섬유들이 하나둘 등장하기 시작했어.

착한 기술로 만든 착한 패션, '식물성 대체 섬유'

모피 가죽을 대체할 만큼 튼튼하면서 환경을 해치지 않는 가죽은 무엇이 있을까? 바로 자연에서 얻은 식물성 가죽이야. 인조 모피가 환경을 해친다는 사실이 밝혀지자 많은 사람들은 식물성 가죽에 관심을 기울였어. 끊임없이 연구를 한 결과, 환경을 지키는 식물성 가죽이 속속 탄생했지. 식물성 가죽에는 어떤 것들이 있나 함께 알아볼까?

선인장 가죽

선인장 가죽은 아드리안 로페즈 벨라르데와 마르테 카자레즈라는 두 명의 멕시코 사업가가 만들었어. 평소 자주 가죽을 만지며 친환경 소재에 대해 고민하던 중, 멕시코에서 흔히 보는 선인장에서 영감을 받았지.

"선인장은 섬유질이 풍부해 메마른 땅에서도 잘 자라고, 잎을 잘라 내도 죽지 않고 다시 자라는군!"

선인장은 튼튼하고 생명력이 강해. 게다가 기를 때 물도 거의 필요하지 않아 물을 낭비할 우려도 없었지. 친환경 가죽으로 만들기에 안성맞춤이었던 거야.

선인장 가죽은 수확한 선인장을 잘 세척한 뒤, 가루로 만든 다음 여러 가지 재료를 섞어 압축하면 돼. 이렇게 만든 선인장 가죽은 2019년 10월, 이탈리아 밀라노에서 열린 국제가죽전시회에서 처음 선보였어. 선인장 빛깔을 닮은 매끈한 초록색 가죽 가방은 많은 사람들의 관심을 받았지.

선인장 가죽은 동물 가죽처럼 자연스럽고 탄력성도 좋아. 의류, 신발, 가방 등 가죽이 필요한 거의 모든 물건에 쓸 수 있어. 또한 환경을 오염시키는 화학 약품이 들어가지 않고 선인장 농장과 농부들까지 함께 상생할 수 있다는 점에서 큰 환영을 받고 있어.

선인장 가방   출처: 데세르토 홈페이지

파인애플 가죽

스페인 출신 디자이너인 카르멘 이요사는 가죽 공장을 방문했다가 좋지 않은 환경에서 가죽이 만들어지는 것을 보았어. 그래서 대체 가죽을 개발해야겠다고 생각했어. 그녀가 주목한 것은 파인애플이야. 필리핀에는 파인애플의 잎에서 뽑아낸 섬유를 엮어서 만든 '바롱 타갈로그'라는 전통 의상이 있어. 카르멘 이요사는 그 의상을 보고 영감을 얻었어. 파인애플 잎은 매년 2500만 톤이나 버려지거든. 어차피 버리는 파인애플의 잎을 모아 식물 가죽을 만들기로 한 거야.

파인애플 가죽을 만들려면 파인애플 잎의 겉껍질을 벗겨 섬유로

파인애플 가방
출처: 피나텍스 홈페이지

파인애플 잎에서 섬유질을 추출한다

만들어야 해. 그런 다음 끈적이는 성분을 없앤 뒤, 강한 압력을 주면 완성되지. 어차피 버려지는 잎으로 만든 가죽이니 쓰레기도 줄고 가죽을 위해 농사를 더 짓지 않아도 돼. 게다가 동물 가죽보다 훨씬 가볍고 환경을 해치는 독성 약품도 거의 쓰지 않아서 친환경 식물 가죽으로 주목받지.

버섯 가죽

최근 버섯은 환경과 미래를 위한 소재로 큰 관심을 받고 있어. 일회용 스티로폼을 대신할 친환경 포장재이자 식량 부족을 해결할 식품으로 각광받고 있거든. 버섯을 활용한 식물성 가죽 역시 많은 인기를 끌고 있어.

　버섯 가죽은 천연 가죽처럼 질기면서도 부드러워. 게다가 비교적 저렴한 가격으로 만들 수 있지. 버섯 가죽을 만들기 위해서는 옥수수 줄기를 깔고 그 위에 버섯 균사체를 2주 동안 길러야 해. 균사체란 하얀색 솜털처럼 보이는 곰팡이의 몸체를 말해. 버섯은 곰팡이의 일종으로 균사체를 기초로 자라는 식물이거든. 성장한 균사체에 마무리 작업과 염색을 하면 천연 가죽과 같은 질감을 가진 소재로 변해. 버섯 가죽이 완성되는 거지. 특히 버섯 가죽은 자연스러운 질감과 유연함이 천연 가죽과 비슷해 높이 평가받고 있어. 영국의 유명 디자이너, 스텔라 맥카트니가 이 버섯 가죽으로 친환경 가방을 만들어.

　선인장, 파인애플, 버섯 이외에도 식물 가죽에 대한 연구는 전 세계적으로 활발히 이뤄지고 있어. 최근 의류 브랜드, 타미힐피거는 사과 껍질을 재활용한 식물 가죽으로 만든 신발을 선보였어. 세계적인 패스트 패션 기업 에이치앤엠은 와인을 만들고 남은 포도 찌꺼기로 만든 가죽으로 옷을 제작했어.

지구는 지금 플라스틱 쓰레기 전쟁 중!

현재 쓰레기로 인한 환경 오염은 매우 심각한 수준이야. 우리가 매일 쓰는 생수병, 빨대, 배달 용기 같은 일회용품들은 환경을 더욱 빠르게 오염시키고 있어. 그 가운데 백 년이 지나도 썩지 않는 플라스틱은 토양을 오염시킬 뿐 아니라 바다로 흘러들어 수많은 해양 동물의 목숨을 위협해.

최근 스페인 해변에서 발견된 요구르트 용기는 많은 사람들을 놀라게 했어. 그 용기는 1976년, 몬트리올 올림픽 때 만들어졌기 때문이야. 무려 40여 년 동안 바다를 떠돌며 썩지 않았던 거야.

최근 필리핀 해안에서 발견된 아기 고래의 배 속에는 40kg이 넘는 플라스틱 쓰레기가 들어 있어 충격을 주었지. 바다를 떠돌아다니는 쓰레기가 아기 고래의 목숨을 앗아갔던 거야.

어느새 바다는 인간으로 인해 거대한 쓰레기통이 되고 말았어. 그 피해는 고스란히 고래와 물고기, 거북이, 바닷새 같은 바다 생물들이 받고 있지. 지금 이 시간에도 쓰레기 때문에 수많은 바다 생물들이 소중한 목숨을 잃고 있어. 2016년, 세계경제포럼 보고에서 따르면 현재 바다에는 플라스틱 쓰레기가 1억 6천 5백만 톤이나 떠다닌다고 해.

"이대로라면 2050년에는 바다에 물고기보다 플라스틱의 양이 더 많아질 것입니다! 지금 당장 해양 쓰레기를 줄여야 합니다!"

전 세계 사람들은 플라스틱을 줄이기 위한 해결법을 고민했어. 최근 주목을 받는 방법은 플라스틱 쓰레기를 활용해 새로운 섬유를 만드는 거야. 이렇게 만든 섬유를 '재생 플라스틱 섬유'라고 해. 버린 플라스틱을 모아 가공하면 합성 섬유의 원료인 나일론, 폴리에스테르를 만들 수 있어. 이를 이용해 새로운 섬유를 만드는 거지.

재생 플라스틱 섬유는 골칫덩어리인 플라스틱 쓰레기를 재료로 쓰니까 쓰레기도 없애고, 새로운 자원을 쓰지 않고도 물건을 만들 수 있어. 그래서 쓰레기 문제를 해결할 친환경 소재로 주목을 받고 있지.

> 골칫덩이 플라스틱 쓰레기가 새로운 패션으로!

플라스틱으로 탄생한 친환경 패션에는 어떤 것들이 있을까?

✨ 폐그물로 만든 재생 나일론 '에코닐'

그물은 물고기를 잡기 위한 도구야. 그런데 이 그물이 해양 동물의 목숨을 위협한다는 사실을 알고 있니?

물개들의 서식지인 러시아의 튤레니 섬에는 목에 그물이 낀 물개들을 쉽게 발견할 수 있어. 바다를 떠돌아다니는 그물들이 물개들의 목에 끼어 빠지지 않은 거야.

그물은 주로 튼튼하고 잘 끊어지지 않는 나일론이라는 섬유로 만들어. 바로 그 점 때문에 해양 동물의 목에 한 번 걸리면 끊어지거나 빠지지 않아. 물개, 고래, 돌고래 같은 해양 동물은 살을 파고든 그물 때문에 목숨까지 잃어. 매년 폐그물과 바다 쓰레기로 인해 숨지는 고래, 돌고래가 30만 마리 이상이라고 해.

이탈리아 섬유 생산업체 아쿠아필은 버린 그물을 재활용해 섬유를 만드는 방법을 고민했어. 그 결과, 새로운 나일론 섬유를 만들어 냈지. 바로 재생 나일론 '에코닐'이야. 에코닐은 질기고 튼튼해 의류, 신발, 가방, 수영복 같은 다양한 패션 용품으로 만들 수 있어. 또 반복해서 재활용할 수도 있어. 어차피 버리는 쓰레기를 재활용한 것이니 자원도 아끼고 탄소 배출량도 줄일 수 있지.

가치 있는 소비에 대한 관심이 커지면서 패션계에서 에코닐을 사용하려는 움직임이 늘고 있어. 세계적인 패션 기업, 프라다는 2021년까지 나일론 소재 제품을 모두 에코닐로 제작할 계획이라고 밝혔어. 디자이너인 마라 호프만과 스텔라 맥카트니도 에코닐을 활용한 패션

을 선보이는 것으로 유명해. 에코닐을 쓰는 것에 대해 스텔라 맥카트니는 이렇게 말했지.

"우리는 버려진 것에 새로운 가치를 부여해 가지고 싶은 것으로 만들어야 해요. 그게 바로 우리의 역할입니다!"

버려진 페트병으로 아름다운 드레스를? '바이오닉 얀'

세계적인 패스트 패션 브랜드, 에이치앤엠은 버려진 플라스틱 페트병을 수거해 만든 새로운 섬유를 사용해. 바로 '바이오닉 얀'이야. 바이오닉 얀은 다른 플라스틱 섬유들과 달리 매우 부드러운 것이 특징이야. 그래서 청바지부터 풍성한 드레스까지, 원하는 옷들을 거의 다 만들 수 있어.

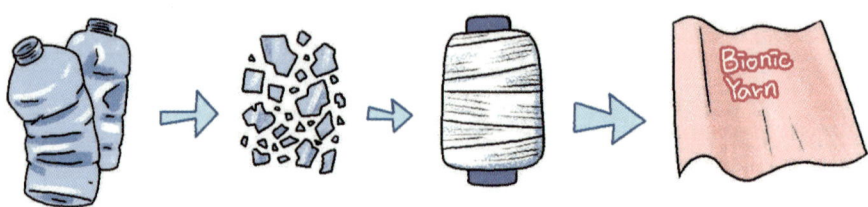

페트병으로 만든 섬유, 바이오닉 얀을 만들려면 일단 버려진 페트병을 모아야 해. 모은 페트병을 쪼개 아주 작은 조각으로 만든 뒤, 그 조각들로 만든 실로 원단을 짜면 완성이야.

파타고니아 역시 버려진 페트병을 모아 새로운 원단인 '신칠라'를 만들었어. 신칠라로 만든 옷은 부드럽고 따뜻해서 인기가 매우 좋아. 지금은 파타고니아를 대표하는 제품이 되었지.

이렇게 패션계에서는 쓰레기를 줄이고, 환경을 지키는 노력을 계속하고 있어. 하지만 여전히 우려할 점은 있어. 플라스틱 재활용이 무조건 친환경적인 것은 아니라는 주장도 있기 때문이야.

플라스틱 재활용이 무조건 친환경적인 건 아니야!

플라스틱 재활용 의류를 마냥 좋게만 볼 수는 없어. 플라스틱을 재활용했다고 해서 문제가 아예 없어지는 것은 아니기 때문이야. 플라스틱을 재활용해 만든 옷 또한 세탁할 때, 미세 플라스틱이 물에 흘러들어 가서 바다를 오염시키거든. 또한 플라스틱을 재활용해 만든 옷 역시 언젠가는 쓰레기가 되지.

이 때문에 최근에는 재활용을 하기 이전에 아예 쓰레기 자체를 만들지 말자는 인식이 널리 퍼지고 있어. 환경을 위해 친환경 제품을 새로 사는 유행이 오히려 더 많은 쓰레기를 만들 수 있다는 점을 지적한 거야. 환경을 정말로 생각한다면 친환경 제품을 사는 것보다 꼭 필요한 물건이 아니라면 사지 않는 것이 더욱 도움이 돼. 가장 친환경적인 활동은 바로 사지 않는 것이라는 사실을 기억하자!

 이야기 다섯

인기 만점!
우리 동네 중고 나눔터

    아침부터 희율이는 바쁘게 어딘가를 가고 있어. 빵빵하게 짐이 가득 찬 에코백을 메고 말이야. 대체 희율이는 어디를 가고 있는 걸까? 희율이의 에코백에 들어 있는 건 무엇일까?

    바삐 걸어가던 희율이는 때마침 지호와 딱 마주쳤어. 지호는 희율이와 같은 반 친구야. 지호는 아빠의 부탁을 받고 콩나물 심부름을 나온 길이었어.

    "어? 희율아, 너 어디가? 어깨에 멘 그건 또 뭐고?"

호기심이 많은 지호는 희율이에게 질문을 던졌어. 희율이는 씨익 웃으며 대답했어.

"나 옷을 팔러 가는 중이야!"

전혀 예상치 못한 대답에 지호는 깜짝 놀랐어.

"뭐? 그게 무슨 소리야?"

옷을 팔러 간다니. 태어나 처음 듣는 소리였어. 지호는 옷은 가게에서 돈을 주고 사는 줄로만 알았거든. 지호가 아니라 대부분 사람들도 그렇게 알고 있을 거야.

"옷을 사러 가는 게 아니고 팔러 간다고? 대체 어디에? 어떻게 판다는 건데?"

수다쟁이 지호가 따발총처럼 질문을 마구 쏟아 내자 희율이는 기분이 좋아졌어. 누군가에게 자신이 아는 걸 설명하는 일을 아주 좋아했거든. 그래서 어깨를 으쓱거리며 말했지.

"공원 옆에 있는 가게 알지? 빨간 벽돌로 지어진 건물 말이야! 그 가게가 뭐하는 곳인 줄 알아?"

학교 갈 때 여러 번 본 가게라 그런지 지호는 희율이가 말한 가게를 단번에 기억해 냈어.

"커다란 감나무가 앞에 있는 그 가게?"

"그래, 바로 거기! 거기가 바로 우리 동네 중고 나눔터거든!"

"중고 나눔터? 그게 뭔데?"

잔뜩 호기심이 어린 지호의 눈빛을 보며 희율이는 괜히 장난기가 생겼어.

"궁금해? 말을 해 줄까~ 말까~?!"

희율이가 계속 뜸을 들이자 지호는 답답한지 발을 동동 굴렸어.

"제발 말해 줘. 너무 궁금하다고!"

그런 지호의 모습이 귀여워서 희율이는 지호에게 중고 나눔터에 대해 설명해 주기로 했어.

"더 이상 사용하지 않는 물건을 사고파는 곳이야. 나한테는 쓸모없

어진 물건이어도 다른 사람들한테는 필요한 물건일 수 있거든! 나는 안 입는 옷들을 자주 팔아!"

"우아! 그런 곳이 있단 말이야?"

지호는 중고 나눔터에 관심이 생긴 듯 눈을 반짝였어. 그러다 번뜩 정신을 차렸지.

"아차차! 나 콩나물 심부름을 하고 있었지. 나 갈게!"

지호가 슈퍼마켓 쪽으로 허둥지둥 걸어가자 희율이도 중고 나눔터를 향해 발걸음을 재촉했어.

딸랑!

희율이가 문을 열고 들어서자 출입문에 달린 작은 종이 영롱하게 울렸어. 중고 나눔터의 벽에는 커다란 글씨가 걸려 있었지.

'나의 쓰레기가 누군가에게는 보물이 될 수 있다!'

숨겨진 보물을 찾으러 온 사람들로 인해 나눔터는 오늘도 북적거렸어. 우리 동네 인기 장소다웠지.

"우아! 사람들이 엄청 많네!"

"어? 희율이 또 왔구나!"

중고 나눔터에서 일하는 아주머니가 희율이를 알아보고 인사를 건넸어. 아주머니는 언제나 초록색 앞치마를 단정하게 두른 채 희율이를 반갑게 맞아 주셨어.

"네! 안 입는 옷을 팔러 왔어요!"

"이쪽으로 오렴!"

아주머니를 따라 책상 앞에 도착한 희율이는 에코백에서 옷을 하나둘 꺼냈어. 키가 크는 바람에 작아진 옷, 싫증이 나서 더 이상 입지 않는 옷, 이상하게 안 입게 되는 옷들을 가져온 거야.

"어디 보자. 스웨터 하나, 바지 두 개, 조끼 하나, 치마 하나. 총 다섯 벌이네!"

아주머니는 희율이가 가져온 옷을 이리저리 꼼꼼하게 살폈어. 혹시 얼룩진 곳이 있는지 찢어지거나 해진 곳이 있는지 확인했지. 다른 사람들에게 다시 판매하려면 반드시 거쳐야 하는 과정이야. 그래서 희율이는 중고 나눔터에 오기 전에 꼭 옷의 상태를 점검했어. 비록 더 이상 입지 않는 옷이지만 다른 친구가 멋지게 입어 줬으면 했거든.

"자, 이제 다 됐구나!"

모두 확인하고 나서 아주머니는 희율이가 가져온 옷의 금액을 포인트로 적립해 주었어. 이렇게 쌓인 포인트는 돈처럼 쓸 수 있었어. 단, 중고 나눔터 안에서 말이지!

"포인트도 늘었겠다! 그럼 필요한 옷들을 사 볼까?"

희율이는 콧노래를 부르며 중고 나눔터의 안쪽으로 향했어.

중고 나눔터는 꽤 커다란 가게야. 전자 제품부터 책, 생활용품까지 매우 다양한 물건들이 진열돼 있지. 중고 나눔터 물건들의 공통점이라면 모두 누군가 사용한 적이 있다는 거야. 하지만 상태는 모두 멀쩡했어. 새로운 물건을 사서, 싫증이 나서, 필요가 없어져서…… 제각기 다양한 이유로 이곳에 온 물건들이었지. 이곳을 이용하는 사람들은 더 이상 쓰지 않는 물건을 버리는 대신 꼭 필요한 사람들에게 나누기로 한 거야.

희율이는 중고 나눔터에서 수많은 옷들이 걸려 있는 의류 코너를 가장 좋아했어. 그 옷들 역시 누군가가 입었던 중고 옷이지. 하지만 중고 옷이라고 해서 허름할 거라는 편견은 금물이야. 옷들은 하나같이 새것이나 다름없었거든. 요즘 옷들은 해져서 버리는 경우가 거의 없대. 주로 '유행이 지나서', '취향이 변해서' 버리지.

희율이가 처음 중고 옷에 관심이 생긴 것은 엄마 때문이었어. 엄마를 따라 중고 나눔터에 왔다가 중고 옷을 알게 되었거든. 한때, 희율이는 남이 입던 옷을 사는 엄마가 못마땅하기도 했어. 그래서 괜히 투정을 부렸지.

"엄마, 왜 헌 옷을 사요? 우리 돈 없어요?"

그러자 엄마는 매년 전 세계에서 의류 쓰레기가 엄청난 양으로 버려진다고 알려 줬어.

"희율아, 새 옷 대신 헌 옷을 사는 일도 환경을 지키는 일이야!"

희율이는 그제야 헌 옷을 산다고 투덜거린 것이 부끄러웠어. 그날 이후로 희율이는 엄마를 따라 자주 중고 나눔터를 드나들며 그 매력에 흠뻑 빠지게 되었지.

"오늘은 어떤 옷을 살까? 아, 예쁜 옷이 너무 많아!"

희율이는 옷들을 둘러보며 어떤 옷을 살까 고민했어. 옷걸이에 빼곡하게 걸린 옷들을 구경하느라 시간이 가는 줄도 몰랐어. 정신없이 옷 구경을 하던 희율이는 아차! 싶어 주머니에서 메모 한 장을 꺼냈어.

"싸고 예쁘다고 무턱대고 사면 안 되니까!"

1. 활동하기 편한 청바지
2. 따뜻한 털장갑
3. 덥거나 추울 때 입고 벗기 편한 카디건

희율이가 꺼낸 메모에는 희율이에게 필요한 옷들이 적혀 있었어. 어젯밤, 희율이가 엄마와 함께 머리를 맞대고 미리 결정한 것이었지. 중고 나눔터에는 예쁜 것들이 아주 많은데다 가격까지 저렴해서 불필요한 걸 잔뜩 사 버리기 쉽거든. 필요하지도 않은 옷을 잔뜩 사 버린다면 환경을 위해 애써 중고 나눔터에 온 의미가 없어져.

그래서 희율이는 중고 나눔터에 오기 전에는 엄마와 함께 항상 옷장을 먼저 살펴보았어. 지금 어떤 옷이 있는지, 어떤 옷을 잘 입지 않는지, 어떤 옷이 필요한지 미리 파악하는 거야. 이렇게 주기적으로 옷장 정리를 하지 않으면 필요하지 않은 옷을 쉽게 사거든.

"밖에서 놀 때 움직이기 편한 청바지가 한 벌 더 있었으면 좋겠어요. 그리고 장갑에 구멍이 나 버려서 털장갑도 새로 필요해요! 또 입고 벗기 편한 카디건이 있으면 좋겠어요. 요즘 아침에는 추운데 낮에는 덥잖아요! 그리고 또 노란색 티셔츠도 갖고 싶어요!"

희율이는 일단 필요하다고 생각한 옷들을 종이에 모두 적었어. 그런 다음 옷장을 열어 옷들을 살펴봤지. 그런데 막상 옷장을 열어 보자 있는 줄도 몰랐던 옷들이 보였어.

"어? 노란색 티셔츠를 사려고 했는데 이미 세 개나 있어요. 하마터면 있는 걸 또 살 뻔했어요!"

희율이는 사고 싶은 옷을 적어 둔 종이에서 노란색 티셔츠를 지웠어. 이렇게 해서 희율이는 꼭 사야 할 옷만 적은 메모를 완성한 거야.

희율이는 메모를 손에 꼭 쥐고 중고 나눔터를 돌아다니며 필요한 것만 골라 담았어. 그리고 곧장 계산대로 향했지. 그런데 계산대로 향하는 길에서 너무 예쁜 분홍색 폴라티를 보았어.

"이건 얼마 전에 세림이가 입었던 거랑 비슷해. 그때 너무 예뻐 보였는데…… 살까?"

폴라티의 가격은 겨우 이천 원! 희율이의 마음속에서 작은 속삭임이 들려왔어.

'겨우 이천 원밖에 안 한다고! 그냥 사! 사 버리라니까?'

희율이는 폴라티를 덥석 집었어.

"에이, 모르겠다! 하나쯤이야 뭐! 이천 원밖에 안 한다고!"

하지만 계산대로 향하던 발걸음을 금세 멈췄지. 옷을 사기 전에 이 옷이 지금 꼭 필요한지 한 번 더 생각해 보는 습관이 있었거든.

'나는 목이 답답한 옷을 싫어하잖아. 아무리 예쁜 옷이어도 목까지 올라오는 옷은 잘 안 입는데……. 하지만 이렇게 예쁜 옷이라면 답답함을 참을 수 있지 않을까? 아냐, 그동안 폴라티를 몇 번이나 샀는데 한 번도 손이 가지 않았잖아.'

고민 끝에 희율이는 집었던 옷을 제자리에 내려놨어.

"그래! 사지 않는 거야!"

희율이의 손에는 오늘 사려고 계획한 것들만 들려 있었어.

계산대 앞에는 줄이 길게 있었어.

"오늘도 인기가 많네!"

이때 희율이의 뒤에 줄을 선 할머니가 희율이에게 물었어.

"어떤 옷을 샀니?"

계산을 기다리는 동안 희율이는 할머니와 서로 어떤 옷을 골랐는지 신나게 말했어. 서로 장바구니를 구경하는 사이, 희율이의 차례가

되었지.

"자, 총 육천 원입니다!"

희율이는 아까 옷을 팔고 받은 포인트로 결제해 달라고 말했어.

"이것들을 담아 갈 비닐 봉투가 필요하니?"

"아뇨, 아까 옷을 담아 온 에코백에 담아 갈 거예요. 일부러 챙겨 왔거든요!"

기분 좋게 가게를 나서려던 희율이는 누군가를 보았어. 커다란 옷 꾸러미를 들고 입구를 막고 있는 사람이었지. 그런데 어쩐지 낯이 익지 않겠어?

"끙끙! 아우, 무거워!"

꾸러미 밖으로 빼꼼 고개를 내민 것은 바로 지호였어. 희율이를 본 지호는 반가운 얼굴로 크게 소리쳤어.

"희율아! 나도 안 입는 옷을 잔뜩 팔려고 우리 집 옷장을 탈탈 털어 왔어!"

지호의 우렁찬 목소리에 희율이와 중고 나눔터에 있는 사람들은 모두 웃음을 터뜨렸어.

> 버리는 옷이 누군가에게는 새 옷이 된다!

　가치 있는 소비의 한 방법으로 '중고 거래'가 주목을 받고 있어. 반드시 옷을 사야 한다면 새 옷 대신 버려진 옷을 사자는 거지. 중고 옷을 사면 새 옷을 살 때보다 탄소 배출량이 82% 줄어드는 효과가 있다고 해.

　중고 패션이 점점 인기를 끌자 이에 발맞추어 패션계도 변하고 있어. 특히 빠른 유행으로 대규모 옷 쓰레기를 만들던 패스트 패션 브랜드의 변화가 눈에 띄어. 최근 들어 패스트 패션 브랜드가 중고 의류 판매에 누구보다 앞장서고 있거든.

대표적인 패스트 패션 브랜드, 에이치엔엠은 '중고 의류 재판매 서비스'를 시작했어. 헌 옷을 버리는 대신 매장으로 가져오면 옷을 살 때 쓸 수 있는 할인 쿠폰을 줘. 이렇게 모인 헌 옷은 다시 판매되거나 재활용해서 다른 옷으로 만들지. 또 다른 패스트 패션 브랜드인 유니클로는 헌 옷을 모아 세계 25개 난민 캠프에 전달해. 멀쩡하고 깨끗한 옷만 골라서 유엔 난민 기구를 통해 네팔, 에티오피아 등에 전달하는 거야. 옷이 꼭 필요하지만 부족한 사람들에게 전하는 거지.

전문가들은 10년 이내에 중고 패션 시장이 매우 성장할 거라고 예측해. 미래 패션의 중심이 될 거라는 의견도 많지. 이러한 변화는 모두 지속 가능하고 친환경적인 패션에 관심을 보인 소비자들 덕분이야. 소비자들이 원하는 바에 따라 패션계는 변할 수밖에 없거든. 이 때문에 소비자들의 책임감은 더더욱 중요해지고 있어.

미래를 생각하는 패션 서비스

미래와 환경을 위해 올바른 소비를 하려는 사람들이 늘고 있어. 하지만 올바른 소비를 어떻게 시작해야 할지 모르는 사람도 많아. 그래서 이런 사람들을 도와주는 재미있는 서비스들이 많이 등장했어. 어떤 것들이 있는지 함께 알아볼까?

✨ 꼭 필요한 옷을 빌려 입을 수 있는 '옷장 공유 서비스'

하필 딱 하루만 필요한 옷이 없어서 새로 사야 하는 경우가 있지. 예를 들어 면접을 가야 하는데 정장이 없는 거지. 평소에는 입지 않는 정장을 단 하루 입기 위해 사는 것은 낭비이고 환경도 해치는 일이야. 이런 사람들을 위해 나온 서비스가 있어. 바로 옷을 빌려주는 '옷장 공유 서비스'야.

옷장 공유 서비스는 필요한 옷을 저렴한 가격에 빌릴 수 있어. 앱을 통해 사진을 보고 원하는 옷을 고른 뒤에 빌리면 끝이지. 물론 빌

리는 비용만 내면 돼. 필요할 때만 옷을 빌려 입을 수 있기 때문에 옷 소비를 줄이는 역할을 하지. 또한 옷을 빌려주는 입장에서는 입지 않는 옷을 빌려주고 돈을 벌 수 있어서 매우 만족스럽지. 빌리는 사람, 빌려주는 사람이 모두 만족할 수 있는 서비스야.

✦ 소비자의 취향을 분석해 구매 실패를 줄여 주는 '취향 분석 서비스'

예뻐 보여서 산 옷인데 막상 입으니 어울리지 않아 옷장에 처박아 둔 경험은 누구에게나 있을 거야. 혹은 예쁘고 잘 어울리는데도 이상하게 매번 손이 잘 안 가는 옷도 있을 거야. 예를 들어 온도에 민감한 사람은 두꺼운 옷을 사 놓고도 잘 안 입어. 목이 답답한 걸 싫어하는 사람은 목까지 올라오는 터틀넥이나 폴라티는 잘 안 입게 되지. 이럴 때면 누군가 나에게 잘 어울리고 딱 맞는 옷을 알아서 골라 줬으면 하는 생각이 들어. 바로 이러한 생각에서 출발한 것이 '취향 분석 서비스'야.

취향 분석 서비스는 알아서 소비자의 취향을 분석하고 잘 맞는 옷을 골라 주는 서비스야. 필요한 옷이 생겼을 때, 소비자는 취향 분석 서비스에 접속할 수 있어. 취향을 알아내기 위한 몇 가지 질문에 답을 하고 나면 소비자의 취향, 키, 체격이 모두 분석돼. 그에 따라 잘 맞는 옷을 추천해 주지. 이를 테면 나만의 온라인 코디네이터인 셈이야. 취향 분석 서비스는 소비자들이 자기에게 맞는 옷을 사도록 도와주므로, 맞지 않은 옷을 사서 결국 버리는 일도 줄어들게 돼. 그 결과, 의류 쓰레기가 줄어들게끔 해 주지.

미래와 환경을 생각하는 패션 아이템

쓸모없는 물건을 쓰레기장에 보내는 대신 다시 사용하는 것은 미래와 환경에 매우 도움이 되는 일이야. 이러한 흐름은 패션계에도 나타나고 있어. 그 어느 때보다 버려진 의류·패션용품을 재활용하는 일이 활발해지고 있거든. 버려진 물건을 다시 사용하는 '리사이클링', 버려진 물건에 디자인을 더해 새로운 물건으로 재탄생시키는 '업사이클링', 버려진 물건을 부수거나 분해해서 단열재·청소용품 등으로 활용하는 '다운사이클링' 등이 있어.

버려진 신세였다가 새롭게 재탄생한 패션용품들에는 어떤 것들이 있을까?

✨ 환경과 소방관을 돕는 '폐방화복 가방'

뜨거운 불길에 맞서 싸우는 소방관들은 몸을 보호하기 위해 방화복을 입어. 방화복은 소방관들의 안전과 생명을 지켜 주는 안전장치이기에 3년마다 반드시 버리도록 정해져 있어. 그래서 매년 34톤이나 버려지지.

이렇게 버린 방화복을 이용해 멋있게 재탄생한 패션용품이 있어. 바로 폐방화복 가방이야. 방화복 소재는 애초에 불에 타지 않고 방수 기능이 훌륭해. 그래서 방화복으로 만든 가방 역시 매우 튼튼하고 강해. 또한 폐방화복 가방을 팔아 얻은 수익금 일부는 소방관들을 위해 뜻깊게 사용되고 있어. 매년 엄청나게 버리는 방화복 쓰레기도 줄이고 소방관도 돕는 착한 패션인 거야.

✨ 사탕 봉지를 명품으로 '사탕 포장지 핸드백'

우리가 일상에서 가장 쉽게 버리는 쓰레기가 있다면 바로 사탕 포장지나 과자 봉지일 거야. 그런데 이러한 쓰레기를 이용해 멋진 명품을 선보인 브랜드가 있어. 바로 미국의 패션 브랜드 '에코이스트'야.

에코이스트는 사탕이나 초콜릿를 싼 작은 포장지를 엮어 핸드백으로 만들었어. 이 때문에 '세상에서 가장 달콤한 핸드백'으로 불리지.

또한 음료수 캔에 붙어 있는 캔 따개를 줄줄이 꿰어 만든 팔찌도 선보였어. 코카콜라 라벨을 이용해 만든 '코카콜라 핸드백'은 에코이스트의 대표 상품이지.

에코이스트는 이처럼 재밌고 독특한 디자인으로 카메론 디아즈, 패리스 힐튼 같은 유명한 할리우드 스타들에게도 사랑받는 브랜드가 되었어. 에코이스트 덕분에 재활용품에 부정적이던 미국인들도 크게 태도를 바꾸었대.

전쟁에서 쏜 폭탄의 탄피가 액세서리로!

전쟁을 치른 자리에는 가슴 아픈 흔적이 많이 남아 있어. 1960년대에 큰 전쟁이 벌어진 라오스 역시 그런 곳 중 하나야. 전쟁이 끝난 지 한참이나 지났는데도 라오스에는 아직도 탄피가 많이 버려져 있거든. 탄피란 총알이나 폭탄이 발사되고 난 자리에 떨어진 금속 껍데기야. 이런 탄피로 액세서리를 만들어 전쟁의 아픔을 알리는 브랜드가 있어. 바로 아티클22야.

아티클22는 탄피를 변형해 예쁜 팔찌, 목걸이, 귀걸이 등을 만들어 전 세계에 팔아. 이를 통해 전쟁의 슬픔을 잊지 말아야 한다는 메시지를 전달하지. 또한 수익금 일부분을 라오스에 아직 남은 폭탄을

제거하는 일에 사용해. 전쟁이 끝났지만 아직도 라오스에는 폭탄이 8000만 개나 파묻혀 있다고 해.

미래에는 어떤 패션이 등장할까?

패션 업계는 빛나는 창의력과 발달된 기술로 나날이 발전하고 있어. 미래에는 더 친환경적이고 다양한 사람들에게 도움이 되는 패션이 등장할 거야. 과연 미래에는 어떤 패션이 나올까?

✨ 빨래할 필요가 없는 옷

미래에는 아마 세탁하지 않아도 되는 옷이 나올 거야. 옷을 세탁할 때 나오는 미세 플라스틱은 바다를 오염시키는 주범이야. 그래서 패션계에서는 아예 세탁하지 않아도 되는 옷을 연구하고 있어. 빨지 않아도 냄새가 나지 않고 새 옷처럼 유지되는 옷이지. 이게 어떻게 가능할까?

옷에서 냄새가 나는 이유는 세균이 옷에 남은 노폐물과 각질을 먹고 배설을 하기 때문이야. 이를 거꾸로 이용하면 냄새가 나지 않는 옷을 만들 수 있어. 옷에 오염 물질을 스스로 정화하는 균을 넣어 세

균이 살 수 없도록 만드는 거지. 이미 시중에 한 달 동안 빨지 않아도 되는 운동복이 나와 있어. 현재 패션 업계는 아예 빨지 않아도 되는 옷을 개발하는 데 매진하고 있지. 이런 옷을 만들면 세탁하는 데 드는 시간도 줄어들고, 세탁하느라 사용되는 에너지와 이산화탄소 배출량도 줄 거야. 미세 플라스틱도 나오지 않기 때문에 바다와 해양 생물을 살리는 일이기도 하지.

시각 장애인에게 길을 안내해 주는 옷

최근 의류와 정보 기술이 만나 우리 삶이 더욱 편리해지고 있어. 바로 스마트 의류 덕분이야. 스마트 의류란 첨단 기능으로 사용자를 편리하게 만들어 주는 옷이야. 사용자에게 필요한 정보를 알아서 알려 주는 똑똑한 옷이지. 알아서 온도를 조절하는 옷, 사용자의 심박 수를 분석해 건강에 문제가 생기면 의료진에게 연락을 하는 옷까지, 이미 다양하게 활용되고 있지.

　더 나아가 미래에는 신체가 불편한 사람들을 위한 스마트 의류가 나올 전망이야. 눈이 보이지 않는 시각 장애인에게 길을 알려 주는 셔츠는 이미 연구하는 중이야. 셔츠의 쇄골 부분에는 길을 분석하는 카메라가 달려 있고, 등에는 사용자에게 길을 알려 주는 센서가 붙어 있지. 길 안내를 받고 있다는 것을 티내지 않으면서 사용자에게 등의 느낌을 전달해 편하게 길을 알려 주는 옷이 등장할 예정이야.

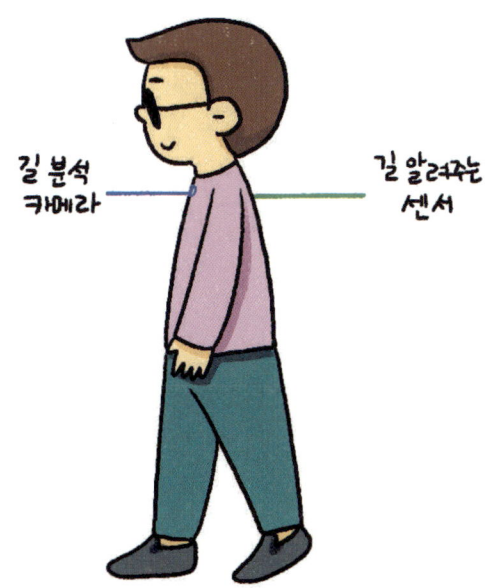

✦ 스스로 전기를 생산하는 옷

 미래에는 직접 전기를 만들어 내는 옷도 등장할 거야. 바로 태양광을 통해 전기를 만드는 '태양광 의류'지. 사용법은 매우 간단해. 옷을 입고 햇빛을 받으며 길거리를 걸으면 옷이 자동으로 태양광 에너지를 만들어 내는 거야. 이렇게 만들어진 에너지로 우리는 스마트폰이나 각종 기계를 충전할 수 있어. 옷에 남는 전기를 저장했다가 나중에 쓸 수도 있지. 내가 입고 다니는 옷이 이동식 발전기가 되는 거야. 정말 신기하지 않니?

> 미래를 위해 우리의 노력이 필요해!

환경을 위해 우리가 당장 할 수 있는 노력은 무엇일까? 가장 쉬운 방법은 환경을 위해 올바른 소비 습관을 들이는 것이야. 어떻게 하면 미래와 환경을 생각하는 소비 습관을 들일 수 있을까?

① 옷을 사기 전에 '필요한 옷 목록' 만들기

옷을 사기 전에 스스로 질문해 봐. '이 옷이 진짜 필요한가?', '비슷한 옷이 이미 있지 않나?', '오래 입을 수 있는 옷인가?' 이런 질문을 하면서 '꼭 필요한 옷의 목록'을 만드는 거야. 그리고 그 옷만 구

매하는 거지. 이렇게 하면 단지 예쁘다는 이유로, 가격이 싸다는 이유로 옷을 사는 충동 구매를 줄일 수 있어.

② 옷장 정리 자주 하기

옷장 안에 무슨 옷이 있는지 모르면 자꾸만 옷을 사게 돼. 새 옷을 샀는데 이미 비슷한 옷이 있었던 경험은 누구에게나 있을 거야. 계절마다 옷장 정리를 하면 내가 가진 옷을 다양하게 활용할 수 있고 새 옷을 사는 일도 줄일 수 있어.

③ 옷 오래 입기

옷을 반드시 사야 한다면 싼 옷을 여러 벌 사는 것보다 질 좋은 옷 하나를 사는 게 좋아. 질 좋은 옷을 오래오래 아껴 입는 것 역시 의류 쓰레기를 줄이는 좋은 방법이거든. 그리고 같은 옷이라면 환경을 생각하는 방식으로 만든 옷을 구매하는 편이 더 좋지.

사실 환경과 미래를 지키는 가장 좋은 소비 습관은 '옷을 사지 않는 것'이야. 이처럼 매우 간단한 행동으로 우리는 지구와 환경을 구할 수 있어.

패션은 오랜 역사에 걸쳐 사람들에게 많은 즐거움을 주었어. 하지만 그 즐거움을 위해 환경이 희생되었지. 요즘 패션 업계는 환경을 생각하는 지속 가능한 방향으로 변화하기 시작했어. 이것은 모두 '착한 패션'을 추구하는 소비자들의 변화에서 비롯된 거야. 다시 말해 우리에게는 패션 업계와 세상을 바꿀 수 있는 힘이 있는 거야. 우리가 어떻게 패션을 대하느냐에 따라 지구의 미래가 바뀔 수 있어.

관련교과

 이야기 하나 **잊힌 옷들의 섬**

3학년 2학기 사회	1. 환경에 따라 다른 삶의 모습 (2) 환경에 따른 의식주 생활 모습
3학년 2학기 사회	2. 시대마다 다른 삶의 모습 (1) 옛날과 오늘날의 생활 모습 -옷을 만드는 도구의 발달 과정
5학년 실과	6. 나의 자립적인 의생활 (1) 건강하고 안전한 옷차림

 이야기 둘 **재판장에 선 패션 씨**

4학년 2학기 사회	2. 필요한 것의 생산과 교환 (1) 경제 활동과 현명한 선택
4학년 2학기 사회	3. 사회 변화와 문화의 다양성 (2) 다양한 문화에 대한 이해와 존중
6학년 2학기 사회	2. 통일 한국의 미래와 지구촌의 평화 (3) 지속 가능한 지구촌 -환경을 생각하는 생산과 소비 생활

이야기 셋 아주 특별한 재활용 패션쇼

3학년 1학기 과학	5. 지구의 모습 - 소중한 지구 보존하기
5학년 1학기 사회	1. 국토와 우리 생활 (2) 우리 국토의 자연환경 - 기후 변화로 어떤 일이 생길까

 이야기 넷 아낌없이 주는 선인장

3학년 1학기 과학	2. 물질의 성질 - 옷을 만드는 섬유의 종류
4학년 2학기 과학	1. 식물의 생활 (4) 사막에는 어떤 식물이 살까요?
5학년 실과	6. 나의 자립적인 의생활 - 옷 생산 및 소비의 환경과의 관계

 이야기 다섯 인기 만점! 우리 동네 중고 나눔터

5학년 실과	6. 나의 자립적인 의생활 - 환경 오염을 줄이기 위한 옷 관리 방법
5학년 1학기 과학	5. 다양한 생물과 우리 생활 - 첨단 생명 과학은 우리 생활에 어떻게 활용될까요?
6학년 2학기 사회	2. 통일 한국의 미래와 지구촌의 평화 (3) 지속 가능한 지구촌

국어, 사회, 과학, 기술, 도덕, 경제까지
교과목 공부가 되고 세상의 눈을 키우는 상식도 쌓아 주는
사회과학 동화 시리즈

공부가 되고 상식이 되는! 시리즈 ❶
어린이 생활 속 법 탐험이 시작되다!
신 나는 법 공부!
장보람 지음, 박선하 그림 | 168면 | 값 11,000원

변호사 선생님이 들려주는 흥미진진한 법 지식과 리걸 마인드 키우기!
이 책은 어린이 친구들에게 법률 지식은 물론 실생활에서 일어나는 크고 작은 사건들을 통해 법적 시야를 길러준다. 흥미로운 생활 이야기를 통해 어린이 친구들이 법적 추리, 논리를 배우고 꼭 필요한 시사상식을 알 수 있게 한다. 현직 변호사 선생님이 직접 동화와 정보를 집필하여 어린이 친구들에게 자연스럽게 리걸 마인드(legal mind)를 키워낼 수 있도록 돕고 있다. 생활에 필요한 법 지식을 배우게 되어, 법치 질서가 중요해지는 미래 사회의 인재로 자라나게끔 이끌어준다.

공부가 되고 상식이 되는! 시리즈 ❷
동화로 보는 착한 소비의 모든 것!
미래를 살리는 착한 소비 이야기
한화주 지음, 박선하 그림 | 148면 | 값 11,000원

친환경 농산물, 동네 가게와 지역 경제, 대량생산vs동물복지, 저가상품vs공정상품
이 책은 어린이 친구들에게 현대 사회의 중요 행동인 "소비"를 통해 사회 활동과 경제 활동에 대한 이해를 높이며, 현명한 소비 생활에 대해 생각거리를 던져 주는 동화책이다. 왜 싼 제품을 사면 지구 건너, 혹은 이웃 나라의 아이들이 더 고생하게 되는지, 왜 동네 가게 주인아저씨의 걱정이 대형마트와 관련이 있는지, 어린이 친구 눈에는 잘 이해되지 않는 소비에 관한 진실과 흐름을 들려준다. 세상은 더 연결되어 있고, 나의 작은 소비가 어떤 영향력을 가지는지를 알려준다. 어린이 친구들에게 '소비'라는 사회 행위에 담긴 윤리성과 생각거리를 일깨워 주고 다양한 쟁점에 대해 이야기해 보도록 제안한다.

공부가 되고 상식이 되는! 시리즈 ❸

똑똑한 경제 습관과 금융 IQ를 길러 주는 어린이 금융경제 교육

적금은 뭐고 펀드는 뭐야?

김경선 지음, 박선하 그림 | 120면 | 값 11,000원

동화로 보는 어린이 금융경제 교육의 모든 것!

이 책은 어린이 친구들을 유혹하는 다양한 금융 서비스와 환경에 대해 제대로 살펴보고, 실생활에서 꼭 필요한 금융경제 지식에 대해 알려준다. 이미 선진국에서는 의무교육화된 '어린이 금융경제교육'의 필수 내용을 재미있는 동화로 풀어내고 있다. 어려워 보이는 금융 용어에 대해 이야기로 살펴보며, 경각심을 지켜야 할 부분에 대해 방점을 찍어준다. 금융의 책임감과 편견에 대해서도 바로잡아 주며, 경제에 대한 균형 잡힌 시각을 키워주는 책이다.

공부가 되고 상식이 되는! 시리즈 ❹

우리가 소셜 미디어를 하면서 반드시 알고 지켜야 할 것들의 모든 것!

미래를 이끄는 어린이를 위한
소셜 미디어 이야기

한현주 지음, 박선하 그림 | 152면 | 값 11,000원

1인 미디어, 실시간 정보검색, 온라인 인간관계 길잡이, 올바른 SNS 사용규칙

이 책은 소셜 미디어 시대를 살아가는 어린이들에게 다양한 디지털 기기(스마트폰, 컴퓨터, 미니패드 등)를 통해 접하는 'SNS 서비스가 나에게 어떤 영향을 끼치는지' 재미있는 동화를 통해 깨달아간다. 더 나아가 익명성, 사생활 침해, SNS 중독 같은 사이버 문제를 해결하고 지켜야 할 윤리, 규칙에 대해서도 가르쳐준다. 소셜 미디어와 디지털 기기의 특성을 하나하나 살펴보며 온오프의 균형 감각을 가지고 슬기롭게 생활하는 방법을 일깨워준다.

공부가 되고 상식이 되는! 시리즈 ❺

동화로 보는 SW교육, 사물인터넷, 인공지능 로봇, 로봇 세상의 생활과 진로!

어린이를 위한
인공지능과 4차 산업혁명 이야기

김상현 지음, 박선하 그림 | 163면 | 값 12,000원

과학 기술과 데이터, 로봇과 공존하는 인공지능 시대를 살아갈 어린이 친구들을 위한 과학 동화

이 책은 인공지능 기계와 함께하는 미래에 대해 쉽고 재미있게 알려주며, 정보통신 기술이 가져온 4차 산업혁명에 대해 살펴보는 과학 동화책이다. SW 교육, 사물인터넷, 인공지능, 로봇 세상의 일자리 등 한 번쯤 들어는 봤지만, 구체적으로 무슨 내용인지는 모르는 디지털과학의 영역을 동화로 흥미롭게 살펴본다. 어린이 친구들은 기계와 다른 인간의 고유한 가치와 영역에 대해 자연스럽게 깨닫고, 미래에 필요한 창의적 사고력, 컴퓨팅 사고력을 키우게 될 것이다.

공부가 되고 상식이 되는! 시리즈 ❻

동화로 보는 '4차 산업혁명 시대'에
따뜻한 기술이 가져오는 행복한 미래와 재미난 공학
어린이를 위한 따뜻한 과학, 적정 기술
이아연 지음, 박선하 그림 | 163면 | 값 12,000원

어린이를 위한 "따뜻한 기술과 윤리적인 과학"에 대한 흥미롭고도 실천적인 이야기!
이 책은 동화를 통해, 인간을 이롭게 도우려 탄생한 '기술'에 '나와 이웃' 그리고 '환경, 디자인, 미래'에 대한 인문적 시각을 담은 '적정 기술'을 알려준다. 과학 기술이 발전할수록 오히려 소외되는 이들이 있음을 이야기하며, 과학 기술을 배우는 어린이 친구들에게 '인문적 고민'에 대해 알려주는 생각동화책이다. 4차 산업혁명의 시대에 우리에게 드리울 '빛과 그림자'에 대한 토론거리도 던져 주며, 그 대안이 될 과학 기술인 '적정 기술'에 대해 재미있게 배워볼 수 있을 것이다.

공부가 되고 상식이 되는! 시리즈 ❼

포장 쓰레기의 여정으로 살피는
소비, 환경, 디자인, 새활용, 따뜻한 미래 이야기
미래를 위한 따뜻한 실천, 업사이클링
박선희 지음, 박선하 그림, 강병길 감수 | 144면 | 값 12,000원

버려진 물건에게 새 삶을 주는 따뜻한 실천에 대한 흥미진진한 이야기!
이 책은 생활 속 포장재들의 드라마틱한 여정을 통해 물건의 소비와 쓰레기 문제에 대한 경종을 울리고, 버려진 물건을 재탄생시키는 행동인 '업사이클링'에 대해 이야기한다. 창의적인 아이디어로 버려진 물건에 새로운 가치를 부여하는 '업사이클링'은 나와 이웃, 더 나아가 지구와 미래를 지키는 실천이다. 나, 이웃, 환경과 미래를 생각하고, '만드는 재미'를 일깨워주는 흥미진진한 '업사이클링'의 세계로 안내한다.

공부가 되고 상식이 되는! 시리즈 ❽

동화로 보는 동물학대와 유기,
대규모 축산농장, 동물실험, 동물원에 대한 불편한 진실
어린이를 위한 동물 복지 이야기
한화주 지음, 박선하 그림 | 166면 | 값 12,000원

'산업, 소비, 즐길 거리, 먹거리, 입을 거리'가 된 동물들!
이 책은 인간 사회를 위해 희생되는 동물의 삶과, 산업이 되어 버린 동물들에 대한 이야기를 살펴본다. 그리고 동물들의 희생이 과연 정말 꼭 필요한 것인지 질문하고, 동물의 행복에 대한 다양한 시도를 보여준다. 어린이 친구들은 이 책을 통해 우리 세상에는 다양한 종과 함께 살아가는 것이 무척 중요하다는 것을 깨닫게 될 것이다. 또한 동물의 행복에 대해 깊이 생각해보고, 다양한 나라에서 시도되는 동물 복지에 대한 실천을 보고 지금 우리가 해볼 수 있는 것은 무엇인지 배울 수 있을 것이다.

공부가 되고 상식이 되는! 시리즈 ⑨

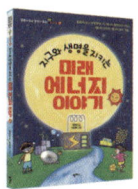

동화로 보는 신재생에너지,
에너지 불평등과 자립, 에너지 공학자, 에너지 과학 기술
지구와 생명을 지키는 미래 에너지 이야기
정유리 지음, 박선하 그림 | 162면 | 값 12,000원

과학 기술의 발전과 함께 전에 없던 새로운 에너지 전환 시대를 준비해 보다!

이 책은 어린이 친구들에게 우리 삶을 지탱하는 '에너지와 그로 인한 에너지 문제'에 대해 설명하며, 지구와 생명을 지키는 미래 에너지에 대해 알려주는 책이다. 재미있는 동화를 토대로 화석 에너지 문제들을 해결할 방안으로 신재생에너지와 에너지 절약과 효율을 높이는 다양한 기술, 그리고 더욱 역할이 중요해지는 에너지 공학자들의 이야기를 들려준다. 더 나아가 에너지 불평등과 자립에 대한 이야기를 통해 나와 이웃을 생각하는 미래에 에너지가 어떤 역할을 할 것인지를 생각해보게끔 한다.

공부가 되고 상식이 되는! 시리즈 ⑩

동화로 보는 '미세먼지'를 둘러싼
환경, 건강, 나라, 경제, 과학 이야기
생명을 위협하는 공기 쓰레기, 미세먼지 이야기
박선희 지음, 박선하 그림 | 160면 | 값 12,000원

미세먼지를 어떻게 대처하느냐에 따라 달라지는 두 가지 미래 여행!

이 책은 환경 재앙으로까지 일컬어지는 '미세먼지'에 대해 다양한 시선으로 살펴보며, 미세먼지가 왜 이렇게 심각해졌는지 그 경위를 알아보고 우리의 건강, 깨끗한 환경, 삶을 지키기 위한 실천과 생각거리를 살펴본다. 이 책은 미세먼지에 얽힌 지리적, 과학적, 경제적, 인문적인 이야기를 들려주며, 환경 문제가 결코 단순한 것이 아님을 이야기한다. 미래의 주인공이 될 어린이들이 '미세먼지'에 대해 깊이 이해하는 것만으로도 우리가 지켜야 할 환경, 미래에 대한 가치를 배울 수 있다.

공부가 되고 상식이 되는! 시리즈 ⑪

사라지는 일, 생겨나는 일! 미래 일자리의 변화와 기술, 직업 가치를
생생하게 알려 주는 과학 인문 동화
어린이를 위한 4차 산업혁명 직업 탐험대
김상현 지음, 박선하 그림 | 167면 | 값 12,000원

"달라진 일의 미래, 나는 어떤 일을 하게 될까?"

이 책은 기술 과학이 더욱 발달하는 미래 시대의 꿈을 키워나갈 어린이 친구들에게 일의 변화와 달라지는 직업 가치를 일깨워주는 직업 인문 동화책이다. 어린이들에게 미래 기술과 직업에 대한 연결과 흐름을 보여주고, 필요한 소양에 대해서도 이야기한다. 또한 여가의 증가, 로봇과의 협업 등 달라지는 일의 가치와 이로 인한 생활의 변화도 생생하게 보여 준다. 어린이들에게 4차 산업혁명을 이끄는 핵심 기술 5가지와 관련 직업들을 소개하며 '디지털 과학의 일'에 대한 정보를 안내해준다.

공부가 되고 상식이 되는! 시리즈 ⑫

동화로 보는 미디어 속 가짜 뉴스에 담긴 불편한 진실과
미디어 리터러시 교육!

어린이가 알아야 할 가짜 뉴스와 미디어 리터러시

채화영 지음, 박선하 그림 | 144면 | 값 12,000원

"뉴스는 무조건 믿어도 되는 걸까요?"

이 책은 어린이 친구들에게 편견과 과장으로 점철된 가짜뉴스의 존재를 알려주고, 이를 제대로 파악해 비판적으로 바라보는 시각을 키워주는 미디어 리터러시 동화책이다. 스마트폰으로 미디어가 접근하기 쉬워질수록 어린이 친구들에게 제대로 된 정보와 올바른 생각과 판단능력을 길러주기 위해서는 미디어 해독능력이 반드시 필요하다. 어린이 친구들이 쉽게 접할 수 있는 뉴 미디어 매체를 살펴보고, 각 미디어의 특성과 정보와 지식을 읽는 방법을 안내해준다. 더 나아가 어린이 친구들이 가짜 뉴스의 특성을 파악하여 정보를 체크하는 능력, 비판하는 생각능력도 자라게 될 것이다.

공부가 되고 상식이 되는! 시리즈 ⑬

동화로 보는 해양 쓰레기, 미세 플라스틱, 남획, 바다 산성화,
뜨거운 바다, 그리고 분쟁의 바다

지구가 보내는 위험한 신호, 아픈 바다 이야기

박선희 지음, 박선하 그림 | 161면 | 값 12,000원

"지속 가능한 바다를 위해 우리는 어떤 일을 할 수 있을까?"

이 책은 지구의 70%를 차지하는 바다가 겪고 있는 고통과 위기를 다양한 시선으로 들여다본다. 나날이 심각해지는 해양 쓰레기 문제, 남획과 수산업, 바다 산성화, 바다 분쟁 등 바다를 뜨겁게 달구는 이슈들을 흥미진진한 동화를 통해 생생하게 살펴본다. 쉽고 재미있는 동화를 통해 어린이 친구들에게 바다가 겪는 아픔에 대해 공감력 있게 전달하며 지속 가능한 바다를 지키기 위한 생각과 행동에 대해 이야기한다. 어린이 친구들은 이 책을 통해 아름다운 모습만 보여 주던 바다가 실제로 얼마나 큰 고통을 겪고 있는지를 생생히 볼 수 있으며, 바다를 지키기 위해 어떻게 해야 하는지를 생각해 보게 될 것이다.

공부가 되고 상식이 되는! 시리즈 ⑭

빅데이터, 데이터 마이닝, 데이터 과학자와 데이터 윤리까지!
동화로 살펴보는 빅데이터의 모든 것!

어린이를 위한 미래 과학, 빅데이터 이야기

천윤정 지음, 박선하 그림 | 159면 | 값 12,000원

"이제 분야를 막론하고 미래 세상을 이끌어갈 사람들은 모두 빅데이터를 알아야만 해!"

이 책은 미래의 주역이 될 어린이들에게 '데이터'의 개념에 대해 정확히 살펴보고, 더 나아가 빅데이터가 왜 미래 세상에서 중요한지, 어떻게 쓰이는지를 재미있는 동화를 통해 흥미진진하게 알려 준다. 어린이 친구들은 '빅 데이터'가 무엇이고 어떤 특징이 있으며 산업과 생활에 어떻게 쓰이는지를 이해하는 것만으로도 디지털 과학에 대한 폭넓은 시각과 지식을 쌓게 될 것이다. 또한 빅 데이터에 담긴 윤리적인 문제와 오류 등에 대해서도 살펴보며 데이터를 이용하는 주체로서 어떤 자세를 취해야 하는지에 대한 인문학적인 생각도 키워줄 것이다.

공부가 되고 상식이 되는! 시리즈 ⑮

이웃과 환경을 생각하고 사회를 밝게 만들어 주는
착한 디자인에 대한 아주 특별한 다섯 이야기!

세상을 따뜻하게 만드는 착한 디자인 이야기

정유리 지음, 박선하 그림 | 155면 | 값 12,000원

"좋은 디자인은 그 자체로 세상을 바꾸는 발명이 된다!"

이 책은 디자인에 '나와 이웃, 지구를 생각하는 착한 마음'을 담은 '착한 디자인'에 대해 알려주는 동화책이다. 환경오염, 불평등, 재해, 가난, 장애 등 사회 곳곳에서 앓고 있는 문제를 착한 디자인이 얼마나 밝고 재미있게 풀어내는지 생생하게 보여 준다. 이 책을 통해 어린이 친구들은 착한 디자인이란 무엇인지 제대로 알게 되고, 창의적인 문제해결력만 있으면 누구나 손쉽게 착한 디자이너가 될 수 있다는 것을 깨닫게 될 것이다. 더 나아가 디자인이 지닌 따뜻하고 거대한 힘을 통해 우리가 살아갈 미래를 지키는 활동에 대해 생각해보게 될 것이다.

공부가 되고 상식이 되는! 시리즈 ⑯

하늘 저 너머에도 쓰레기가 있다고?
우주 탐사 최대 방해물, 우리를 위협하는 우주 쓰레기의 모든 것!

지구와 미래를 위협하는 우주 쓰레기 이야기

김상현 지음, 박선하 그림 | 136면 | 값 12,000원

"우주 과학이 발전하는 만큼 우주 쓰레기는 더 많아진다고?"

이 책은 우주 공학의 눈부신 발전에 가리어진 골칫거리 '우주 쓰레기'에 대해서 살펴본다. 흥미진진한 동화를 통해 우주 쓰레기가 왜 생겨나고, 어떻게 우리에게 피해를 주는지, 어떤 위험성을 지녔는지를 알려준다. 더 나아가 과학 기술과 창의적인 아이디어로 이것을 어떻게 해결할 수 있을지 생각거리를 던져준다. 이 책을 통해 어린이 친구들은 인간이 우주에 나아가면서 밟았던 시행착오와 성취를 알게 되며, 드넓은 우주 역시 우리 인간에게 지켜야 할 대상이 된다는 것을 일깨워준다. 우주 쓰레기가 나와 거리가 먼 문제가 결코 아니며, 지구에 있는 모두에게 재난이 될 위험성이 있음을 알려준다.

공부가 되고 상식이 되는! 시리즈 ⑰

상상 그 이상!
진짜보다 더 진짜 같은 가상 세계의 모든 것!

어린이를 위한 가상현실과 메타버스

천윤정 지음, 박선하 그림 | 152면 | 값 12,000원

"진짜보다 더 진짜 같은 가상이 온다!"

이 책은 우리 생활 깊숙이 스며든 가상현실 기술과 메타버스에 관해 흥미진진하게 알아본다. 동화를 통해 가상현실이란 것이 대체 무엇인지, 관련 기술에 대해 알아보고, 그 쓰임에 대해 살펴본다. 가상현실의 과거와 현재를 살펴보며 미래에 어떤 모습으로 활약하게 될지도 생각해 보게 한다. 또한 가상현실과 메타버스를 만들기 위해서는 어떤 직업이 있는지도 살펴보며 미래 사회의 한 축인 가상 세상에 대한 호기심과 흥미를 지핀다. 이 책을 통해 어린이 친구들은 가상현실, 메타버스에 대한 이해를 넓히고, 더 나아가 가상현실을 어떻게 발전시켜야 할지 생각해 보게 될 것이다. 가상현실과 메타버스와 함께 행복하고 안전한 미래를 만들기 위해 어린이 친구들이 반드시 봐야 할 미래 과학 동화책이다.